L'insolence de l'amour

Jean-Michel Hirt

L'insolence de l'amour

Fictions de la vie sexuelle

Albin Michel

L'excès de l'amour et l'énigme du féminin

> « Mais l'amour réciproque est le seul qui conditionne l'aimantation totale, sur quoi rien ne peut avoir de prise, qui fait que la chair est soleil et empreinte splendide à la chair, que l'esprit est source à jamais jaillissante, inaltérable et toujours vive, dont l'eau s'oriente une fois pour toutes entre le souci et le serpolet. »
>
> André Breton, *Arcane 17*

L'amour en souffrance

« Aimer, je crève de ne pas savoir. » Tant de fois, cette phrase, ses innombrables variantes reviennent dans les conversations, les confessions, les chuchotements et, bien entendu, au cours d'une cure analytique.

L'étonnement que me procure cette phrase demeure, après toutes ces années passées comme psychanalyste à écouter ses résonances pour chaque vie. Phrase étrange, sans adresse : personne n'a la naïveté de croire à une réponse, hormis celle, obscure et solitaire, de la nymphe Écho, *ça voir*, un maigre viatique ; et personne n'ignore combien l'amour relève aussi peu du savoir que du pouvoir. Quel « ardent sanglot » roule sans trêve une telle phrase vague après vague ? Quels « phares », comme Baudelaire aimait à les appeler, doit-on solliciter pour guider une si périlleuse navigation parmi les faux-semblants et les pieux mensonges ? Que contient-il de si juste, cet aveu d'ignorance ? L'amour ne s'apprend pas, il s'empare ou non de la personne. Mais l'amour n'est qu'un mot, qui recouvre autant de déserts que de terres promises.

La raison et le bon sens se révoltent : les hommes et les femmes ne disposeraient-ils pas de la faculté d'aimer ? Ils ne cessent d'y être conviés par un regard, la chute d'une nuque, des mains caressantes, l'échancrure d'un corsage, les attentes des corps autour d'eux. Pourtant, beaucoup prennent garde de ne pas mélanger l'amour et le sexe. Certains souhaitent être délivrés du poids d'une sexualité vécue comme une contrainte et ne plus s'obliger à faire l'amour. D'autres fuient toutes les occasions d'être englués dans un sentiment qu'ils redoutent. Peur ou mépris du sexe féminin, trop grande familiarité avec le corps de l'autre, impossibilité de soutenir les exigences de l'amour dans la durée : tant de rationalisations sont avancées pour expliquer l'incompréhensible, cette disjonction entre aimer et désirer.

Combien d'entre eux ont-ils encore les ressources culturelles nécessaires pour répondre à l'invitation d'Éros ? Entre les actionnaires de l'ordre moral et les marchands de prêt-à-jouir, la voie semble étroite. L'héritage des génocides du XXe siècle, sous de trop nombreuses latitudes, ne pèse-t-il pas insidieusement sur notre capacité psychologique à s'aimer soi-même, et donc à aimer l'autre, cet autre que nous nous contentons de désirer à la petite semaine ? L'universalité de la débâcle de toute valeur semble laisser peu de choix, sinon celui de passer d'un objet sexuel à un autre dans un temps accéléré, sans véritable engagement émotionnel. Sous ses innombrables formes, la faim d'excitations ne l'emporte-t-elle pas partout ? La guerre qui réclame beaucoup d'argent pour donner la mort a été perfectionnée siècle après siècle, mais l'amour semble inapte au progrès. Les soldeurs d'une vieille lune, l'union harmonieuse des sexes ne continuent pas moins à battre les tréteaux. En 1924, quand le producteur américain Samuel Goldwyn proposait cent mille dollars à Freud, qu'il considérait comme « le plus grand spécialiste de l'amour au monde », pour sa participation à un film, ce dernier déclinait sèchement.

Sommes-nous donc réduits à convenir avec le Surmâle d'Alfred Jarry que « l'amour est un acte sans importance, puisqu'on peut le faire indéfiniment » ? Ou plutôt à déclarer avec Ellen, l'amante du Surmâle, après avoir vécu le record de quatre-vingt-deux coïts en vingt-quatre heures : « Si nous pensions à nous maintenant ? *Nous ne nous sommes pas encore aimés*... pour le plaisir ! »

À tâtons, en aveugles, les corps guettent des signes, parfois des miracles adviennent qui ne prouvent rien. Des corps multiplient des rencontres avec d'autres corps, les méprises se conjuguent et la méfiance comme l'indifférence pullulent. L'amour serait-il lié à une dépense psychique pour laquelle les forces nous manqueraient ou vivons-nous au-dessous de nos moyens ? Les corps semblent rétifs, limités, avares d'élans, avides d'appels, mais d'où viennent ceux-ci aujourd'hui en dehors des signaux d'Internet ? Le mieux serait-il de se résigner à mal aimer, à s'installer dans cette affection polie, recuite dans une haine à feu doux, que tant de couples exhibent ? Doit-on se satisfaire du sexe sans histoire, alors même que l'alliance de l'amour et du sexe est une victoire d'Éros ? André Breton s'insurge contre un tel échec dès *L'Amour fou* : « Les hommes désespèrent stupidement de l'amour – j'en ai désespéré – ils vivent asservis à cette idée que l'amour est toujours derrière eux, jamais *devant* eux : les siècles passés, le mensonge de l'oubli à vingt ans. Ils supportent, ils s'aguerrissent à admettre surtout que l'amour ne soit pas *pour eux*, avec son cortège de clartés, ce regard sur le monde qui est fait de tous les yeux de devins. » En s'efforçant malgré ses doutes, voire une certaine misogynie à l'œuvre dans *Nadja*, de livrer les preuves miroitantes de la révélation amoureuse, en refusant de pactiser avec Thanatos, Breton mérite d'être distingué comme l'un de ces phares baudelairiens qui éclairent les conjonctions du cœur et de la chair.

Éros paraît défaillir devant l'ampleur de la tâche, devant l'accumulation des nuages porteurs de mort, malgré les nouvelles modalités de la vie amoureuse induites par le décrochage entre sexualité et procréation, comme par la fin de l'assignation à être hétéro- ou homosexuel. La liberté et la singularité des conduites sexuelles ainsi obtenues risquent de se limiter à un libre-service amoureux qui confirmerait la désillusion de Pier Paolo Pasolini dans ses *Lettres luthériennes* : « Les vies sexuelles privées (comme la mienne) ont subi le traumatisme aussi bien de la fausse tolérance que de la dégradation corporelle, et ce qui, dans les fantasmes sexuels, était douleur et joie est devenu déception suicidaire, inertie informe. »

Le refus de l'inertie, cette agonie lente, le rejet de l'habitude – *solere*, avoir l'habitude –, c'est l'*insolence*. Ce mot, l'insolence, porte en lui l'éclat de l'instant, le tranchant de la rupture, l'apparition de l'invisible. Brusque révélation pour des yeux soudain ouverts, suivie d'une disparition, mais de quoi ? Comment nommer ce qui s'éclipse si vite et ne possède aucune consistance ?

Songeons à l'expérience inaugurale et cruelle de l'enfant : il tombe et à sa première écorchure du genou, sous la peau meurtrie, il aperçoit cette chair qui palpite et n'a pas à être vue. Souvenons-nous du trouble provoqué, chez le garçon, par l'apparition d'un nu féminin, image charnelle si au-delà de l'aspect habituel d'une femme. Ici comme là le corps est mis à l'épreuve par le regard – chacun passe ensuite sa vie à observer le sien et celui de l'autre –, mais la chair est cette irruption matérialisée de l'invisible que le désir de voir et de toucher suscite.

Dès lors, je propose une distinction entre le corps visible et objectif, telle une somme de processus biologiques, et l'épaisseur éprouvée de ce corps qui constitue sa chair invisible, désirante, souffrante et jouissante, une chair qui incarne la subjectivité de chacun.

La mise en pièces du corps de la princesse de Lamballe

Une séquence de la Révolution française témoigne de ce que la rencontre entre le corps et la chair a d'insupportable, car elle manifeste ce défi que la nudité féminine aurait le pouvoir d'afficher avec le plus d'intensité. Le supplice de la princesse de Lamballe, le 3 septembre 1792, est révélateur de l'acharnement à mettre en pièces une femme, faute de supporter la complexité des sentiments qu'elle inspire. Aucun homme dans cette période sanglante n'aura été maltraité de cette sorte. Tous les récits royalistes ou républicains autour de sa mort insistent sur le démembrement qu'elle aurait subi, au moins dans l'imagination des contemporains : cœur arraché, sein déchiré, sexe découpé, tête tranchée, main coupée. À travers elle, une féminité déroutante est stigmatisée et le féminin présenté comme une combinaison d'organes et d'accessoires dénombrables. La fureur destructrice de ceux qui veulent manger sa chair et violer son cadavre traduit leur rage : en la dépeçant, ils échouent à mettre au jour « ce pauvre mystère de femme », comme l'écrit avec finesse Michelet dans son *Histoire de la Révolution française*.

La culpabilité supposée de la princesse repose sur son amitié pour la reine Marie-Antoinette, la haine lubrique que cette dernière inspire à la populace et la réputation de saphisme qui les entoure. « Deux des cannibales, écrit Stefan Zweig dans son livre loué par Freud, *Marie-Antoinette*, traînent le corps nu par les jambes, un autre brandit dans son poing des viscères sanglants, un quatrième porte au bout d'une pique la tête d'une pâleur verdâtre. Ils annoncent qu'ils veulent monter dans la tour [du Temple] avec ces trophées pour obliger la reine à embrasser la tête de sa grue. » Les nombreux pamphlets anonymes, telles *Les Fureurs utérines de Marie-Antoinette*, qui stigmatisent leurs débauches, mettent tous l'accent sur la dangereuse autonomie sexuelle de femmes pouvant se passer des hommes et ne plus faire d'enfants : « Le vit fut remplacé par un doigt libertin. » Mais ce n'est pas une orientation sexuelle différente qui est visée par les bourreaux. Cette période révolutionnaire où la liberté des mœurs cherche (déjà) à *s'institutionnaliser* voit l'organisation d'une « société sodomique », sous la houlette du marquis de Villette, à laquelle se joint la communauté des tribades conduite par Mlle Raucourt ; ensemble ils refusent « la fouterie ordinaire » et militent pour faire inscrire dans la Constitution le droit de jouir comme bon leur semble. Les titres de Mme de Lamballe, ses richesses et avantages nobiliaires ne sont pas davantage en cause ; ils n'auraient dû l'obliger qu'à demander son pardon à la Nation, avant d'être absoute par la « Sainte guillotine ». Sa conduite sexuelle ou son patrimoine princier ne sont que des aspects d'une identité liée aux privilèges de son sexe et de sa naissance. Sa seule erreur est d'être revenue de son plein gré de Londres où, note Zweig, elle était déjà en sûreté afin « de prouver [à la reine] son attachement à l'heure du danger ». Si elle mérite la mort, comme n'importe quelle aristocrate ennemie de la République, rien ne justifie son supplice comme femme.

Le *pouvoir sexuel* qu'elle incarne doit être châtié, mystérieux pouvoir que sa personnalité n'offre que trop aux regards. D'un côté, la beauté d'un corps qui frappait par sa pâleur, une abondante chevelure imitant la blancheur à force d'être blonde, une peau laiteuse, l'œil bleu, des goûts artistiques et des qualités d'organisation qui lui valent la charge enviée de surintendante de la maison de la reine : tout en elle satisfaisait l'apparence ; de l'autre, des langueurs, des évanouissements causés par une trop grande émotivité, tous les signes pour les médecins du temps de ce « mal des femmes » que le tableau de l'hystérie allait ordonner au siècle suivant. Mais de tels signes, avant de se résoudre en une entité pathologique, annoncent une dimension invisible : un lieu charnel gouverné par des désirs, des affects et des pulsions. Son corps visible, offert comme un objet, n'éprouve subjectivement sa réalité vivante que dans sa chair invisible. Un corps que dédouble sa chair, voici ce qui n'est pas supportable, tant chacun est contraint à ouvrir les yeux sur l'abîme entre les deux, mais aussi sur la relation entre eux, jamais mieux représentée que par les destins du féminin.

Les massacreurs vont tenter de résoudre sauvagement ce hiatus : le corps déchiqueté de la princesse, sa blancheur immaculée, impeccable, ils vont l'éclabousser avec le sang qui court sous l'enveloppe corporelle, mais ils n'atteignent encore que l'objectivité cachée de son corps, pas la chair, qui reste insaisissable car elle excède son corps. Ils font la preuve du paradoxe d'un corps de chair qui témoigne de l'alliance du visible avec l'invisible, mais dont la destruction n'atteint que la dimension visible. Alors la question est posée : si cette femme est dépecée, est-ce en raison de la seule existence de son corps visible ou de ce qu'il est seul susceptible d'être atteint dans la réalité en tant qu'objet de la réalité ? Dilemme dont Michelet se fait l'écho quand il s'indigne de l'acharnement obscène sur le sexe de la princesse, un organe estimable en tant que siège de la maternité et non lieu du plaisir : « Un autre eut l'indignité de la mutiler au lieu même que tous doivent respecter (puisque nous en sortons tous). » Respecter la mère dans la femme, c'est perpétuer une théorie sexuelle infantile qui n'est sûrement pas le meilleur moyen d'aimer une femme.

Les coups mortels ne provoquent que la séparation définitive entre le corps visible et la chair invisible, ils viennent rompre la dualité propre à chaque être humain. Ils font disparaître la dualité animée au profit de l'unité inanimée, ils ne réduisent pas l'abîme entre chair et corps, mais ils exhibent le néant de ce dernier. La désacralisation d'un corps de chair, celle étalée par la beauté saccagée d'une femme, échoue, car la cruauté livrée à elle-même se contente d'infliger un martyre.

Or, depuis Sade et grâce à lui, le meurtre à l'horizon du désir est devenu un acte de parole, les liens de la cruauté avec l'amour ont été énoncés, la violence de la sexualité mise en mots – quitte à blasphémer. L'abjection consiste à se taire et à faire fonctionner, au nom de la vertu ou de la pureté, les instruments de torture. Comment oublier l'opposition résolue du divin marquis à la peine de mort, donc à la guillotine, au nom de ses principes insensés et de sa connaissance du mal ? Comment ne pas s'interroger sur l'étrange proximité qu'il nous force à considérer dans son œuvre entre le vocabulaire du mal, les mots de l'amour et leurs connotations chrétiennes ?

La référence fictionnelle du psychanalyste

Dans la perspective d'interprétation freudienne ici convoquée, selon laquelle les mots « amour », « érotisme » et « sexualité » sont interchangeables, la chair a partie liée avec la différence sexuelle, mais la perception de cette dernière ne garantit en rien sa pensée, ce qui viendrait lui donner sa portée et sa valeur. À propos de la découverte de cette différence par une petite fille, Freud écrit dans « Quelques conséquences psychiques de la différence des sexes au niveau anatomique » (1925) : « Dans l'instant, son jugement et sa décision sont arrêtés. Elle l'a vu, sait qu'elle ne l'a pas et veut l'avoir. » Le pénis se présente au regard de la fille comme ce morceau de corps que le garçon a, mais pas elle : déception, frustration, ici encore l'expérience est cruelle. L'instant d'un coup d'œil décide de tout : de sa différence, de sa féminité, des conséquences sexuelles. Mais son regard ne s'arrête pas au sexe du garçon, il se reporte sur le sien : là, il n'y a rien à voir de tel, ou plutôt les deux bords des lèvres se referment sur les plis de sa chair. Au même instant, c'est une autre différence qui s'impose à elle et trouble son regard, celle du corps qui se voit et de la chair qui ne se voit pas, mais qu'elle découvre en elle.

Freud ne relève pas cette différence féminine spécifique, mais au cours de ses *Nouvelles Conférences d'introduction à la psychanalyse* (1933), il précise dans la XXXIIIe que ce qu'il dit sur la féminité est « incomplet et fragmentaire » ; il souligne aussi que seule une attention imprégnée de désir permet d'effectuer la *décomposition* de la vie amoureuse. Une attention où il mêle sa tête à celles des hommes qui « de tout temps [...] se sont creusé la tête sur l'énigme de la féminité », têtes toutes « baignées de sueur », conclut-il en empruntant cette image ambiguë à son poète préféré, Heine. Aucun discours sur l'amour ne peut décidément se passer de son bouquet de métaphores, c'est même l'expression de l'amour qui porte à leur apogée ces fleurs de rhétorique, jusqu'aux insurpassables *Fleurs du mal.*

Freud sait que le terme de « féminité » fait problème, qu'il recouvre à la fois la mise en scène du féminin – ce que la psychanalyste Joan Riviere appelait la « mascarade » – et le féminin entendu comme lieu de l'entrelacs entre le corps et la chair. D'ailleurs, Freud n'hésite pas à donner ce conseil à son lecteur : « Si vous voulez en savoir plus sur la féminité, interrogez vos propres expériences de la vie, ou adressez-vous aux poètes », conseil que je compte suivre en m'adressant avant tout à Baudelaire, ce poète si prompt à répondre à l'*invitation au voyage* qui mène soit à l'« île triste et noire » de « l'antique Vénus », soit au pays « superbe » et « singulier », le lieu de la femme aimée.

Cette suggestion n'a rien de gratuit de la part de Freud qui a reconnu de longue date chez le « premier poète épique », le *Dichter*, le pouvoir de relater les cycles de l'individuation de l'humain et de chanter l'amour. Si pour le psychanalyste la vie amoureuse se confond avec la vie sexuelle, Freud précise dans « Un type particulier de choix d'objet chez l'homme » (1910) : « Nous avons jusqu'ici laissé aux poètes le soin de nous dépeindre les "conditions déterminant l'amour" d'après lesquelles les hommes font leur choix d'objet et la façon dont ils accordent les exigences de leurs fantasmes avec la réalité. Et de fait les poètes ont des qualités leur permettant de venir à bout d'une telle tâche : avant tout une fine sensibilité, qui leur fait percevoir les mouvements cachés de l'âme d'autrui, et le courage de laisser parler leur propre inconscient. » Courage et sensibilité doivent de même inciter le psychanalyste à ne pas rester en deçà de ce que la « liberté poétique », à ses périls et sans compter, prodigue dans ses représentations des extrémités courantes de la vie amoureuse. Le temps est venu où le psychanalyste, comme l'un des plus virtuoses d'entre eux, François Perrier, le déclarait dans son « Séminaire sur l'amour », doit « s'affirmer pour ce qu'il est, c'est-à-dire *aussi antisocial que le phénomène amoureux lui-même* ».

Dimension antisociale du psychanalyste à comparer et à rapprocher de celle d'un amant. L'insurrection contre « la pulsion grégaire », Freud ne se lasse pas de le rappeler, notamment dans « Psychologie des foules et analyse du moi » (1921), est manifestée avec la plus grande vigueur par « l'état amoureux ». L'amour pour une femme est d'après lui une conquête récente à l'intérieur des relations sexuelles ; un tel amour vient rompre les assujettissements et les solidarités à la foule comme au groupe, en rendant l'homme *infidèle* aux servitudes du lien social, en l'individuant.

De l'énigme du féminin et de sa filiation avec l'excès de l'amour, que peut-il se dire de *plus* dans les fictions des poètes et des écrivains ? Qu'est-ce qui ne peut s'énoncer que dans leurs écritures auxquelles Freud conseille vivement aux psychanalystes de prêter l'oreille ? Lui-même, à suivre sa correspondance avec l'écrivain Stefan Zweig, semble convaincu du nécessaire retour aux œuvres littéraires, car elles seules proposent ces « rééditions déguisées, embellies et sublimées des fantaisies enfantines » (lettre du 4 septembre 1926). Mais l'écriture fictionnelle n'est-elle que « rééditions [...] des fantaisies enfantines » ou, si elle est créditée de ce *plus*, porteuse d'une matière vivante dont par dissection et décomposition seront extraits les « motifs originels » de la vie psychique, et donc les éléments de l'imaginaire psychanalytique ? Freud pressent-il que ses disciples ne manqueront pas le plus souvent d'oublier combien leur savoir sur l'amour relève de la fiction amoureuse entre l'homme et la femme, tant cette filiation est compromettante, tant elle contraint à penser sans relâche les rapports entre la parole du poète et le discours du psychanalyste ?

I

Un pont au-dessus de l'abîme

Une vision freudienne

Avec l'audace de penser qui le caractérise, Freud s'est souvent tourné vers les poètes et n'a cessé d'interroger les œuvres d'art, persuadé de leur capacité à exposer – non à interpréter – les hiéroglyphes de notre vie intérieure. Ainsi, dans son étude *Le Délire et les Rêves dans la* Gradiva *de W. Jensen* (1907), il déclare : « Les poètes et les romanciers sont de précieux alliés, et leur témoignage doit être estimé très haut, car ils connaissent, entre ciel et terre, bien des choses que notre sagesse scolaire ne saurait encore rêver. » Mais sommes-nous prêts à reconnaître que l'imaginaire psychanalytique s'inscrit à l'intérieur de narrations fondatrices et à dire de quelles narrations il relève ?

Au cours de sa lecture de la *Gradiva,* Freud commente une gravure de Félicien Rops, *La Tentation de saint Antoine,* où « le graveur a choisi le cas exemplaire du refoulement dans la vie des saints et des pénitents. Un

moine ascète s'est réfugié – sûrement pour fuir les tentations du monde – près de l'image du Sauveur sacrifié. Alors cette croix s'affaisse comme une ombre et, rayonnante, s'y substituant, s'élève à sa place l'image d'une femme nue aux formes épanouies, également dans la position du crucifiement ». Pour illustrer sa conviction que « dans et derrière l'instance refoulante, le refoulé finit par s'affirmer victorieusement », il n'est pas négligeable que Freud – outre son puissant intérêt pour le livre du même nom de Flaubert – ait recours à une gravure dont le thème est assurément lié au christianisme, cette religion monothéiste où la chair est au cœur du projet messianique, à travers l'Incarnation de Dieu, sa Passion et sa Résurrection. Une religion qui a fait de l'amour sa raison d'être, mais dont le rite catholique central – on omet toujours trop vite sa cruauté – consiste à manger la chair et à boire le sang d'un homme supplicié.

Or, que voit-on dans cette gravure apparemment irrespectueuse de la représentation traditionnelle – figée – de la crucifixion ? Une image en mouvement, une image qui se dédouble et qui fait voir l'oscillation entre Éros et Thanatos : au sommet de la croix, chez Rops, est clouée l'inscription « Éros ». Sans nul doute, cette image provient de la ruine de la vision religieuse sous les coups de boutoir de la conception laïque du monde et de ses conséquences artistiques ; mais on se méprendrait en voulant n'y voir qu'une gravure anticléricale, car elle réinterprète l'accointance entre l'érotisme et le féminin dans l'iconographie religieuse.

Rops montre comment le corps mort cède la place à la chair triomphante de vie, cela en parfait accord avec les Évangiles, et cette chair victorieuse, après la crucifixion du corps, ne sera jamais mieux exprimée que par la nudité d'un corps féminin. Baudelaire, si sourcilleux en matière de catholicisme et de corps féminin, ne s'y trompait pas, en écrivant à Manet le 11 mai 1865 : « Rops est *le seul véritable artiste* (dans le sens où j'entends, moi, et moi tout seul peut-être, le mot *artiste*), que j'aie trouvé en Belgique. »

De même que la différence des sexes est attestée par la visibilité du sexe masculin, la différence entre la vie et la mort est signifiée par le corps dévoilé d'une femme, sa nudité anticipant la vision du triomphe de la chair. L'*ombre de l'objet* – le cadavre – s'efface devant l'éclat de la beauté – la chair rayonnante. L'invisible gloire de la résurrection supplante l'échec visible de la mise à mort ou, en interprétant l'énoncé de Freud, le refoulé – la vie – surgit de l'instance refoulante – le supplice de la croix. La licence du graveur, ainsi que son humour – son « outrance », selon Baudelaire, ou sa « pénétration psychologique », selon Freud –, est d'avoir fait prendre au « péché insolent et triomphant » la « place du Sauveur lui-même sur la croix », d'avoir donné comme image de la résurrection des corps la nudité d'une femme « aux formes épanouies ». Or la nudité féminine est la révélation de ce que le corps expose *en plus* de ces « formes » qu'il fait voir ; ce *rien de plus* que son sexe montre devient l'indice de la chair invisible. Cette *exhibition cruciale* est peut-être l'intuition bouleversante de l'écart – du supplice ? – entre la chair et le corps dont chaque femme est le théâtre, quand pour l'homme cet écart se situerait entre lui et l'autre sexe, entre son corps et la *chair de sa chair*, pour reprendre l'expression énigmatique d'Adam définissant Ève que nous transmet la Genèse. À l'endroit du sexe, elle offre aux regards une absence de pénis qui trouve sa résolution dans l'articulation de la chair et de la parole : elle n'est pas vouée à voir mais à découvrir, *avec ses mots*, son sexe du côté de sa chair. Là où lui n'est que trop enclin, en raison de la présence du pénis, à nier l'existence d'un autre sexe que le sien, à se leurrer pour lutter contre l'angoisse de castration et à rabattre toute chair sur le corps.

Enfin, si la chair est confondue avec le péché, ce n'est pas sans rapport avec l'*outrance charnelle* que le féminin illustre, ni avec le rôle des femmes dans les trois religions monothéistes, les voies qu'elles incarnent en regard des limites masculines, ni surtout avec l'appétence du mal pour la chair, comme le prouvent les effractions qu'elle encourt.

« *Éros invaincu* »

Un trouble de la vision, comparable au choc visuel provoqué chez Freud par la gravure de Rops, m'est advenu à l'occasion de l'exposition d'une partie de la bibliothèque Gérard Nordmann à la fondation Martin-

Bodmer de Genève, en février 2005. Son thème, « Éros invaincu », affichait avec éclat l'échec de toutes les répressions du sexuel que la culture exige de chacun. Là, au milieu de la plus splendide collection permanente de textes écrits ou imprimés du patrimoine de l'humanité, étaient offerts temporairement quelques chefs-d'œuvre de la littérature érotique, notamment le manuscrit autographe des *120 journées de Sodome* du marquis de Sade, un rouleau de douze mètres de long, « fait de feuilles de papier collées bord à bord, couvert (recto et verso, en partie) d'une écriture minuscule », comme l'explique Jean-Jacques Pauvert dans la notice du catalogue. Cette longue bande d'écriture exerce la fascination d'un membre de chair devenu verbe. Enfermé dans son godemiché de bois, ce manuscrit conçu pour échapper à l'œil de ses gardiens a été perdu du vivant de Sade à la suite de la prise de la Bastille, puis ramassé par hasard dans les ruines de la forteresse.

Mon émotion était à son comble devant une telle *relique* exposée à proximité d'un papyrus de l'Évangile de Jean du IIIe siècle, d'un incunable de la Bible de Gutenberg, d'un parchemin de *La Divine Comédie*, d'une première édition in-folio des pièces de Shakespeare, et de tant d'autres joyaux universels de l'écriture.

La vie de l'esprit rayonnait à partir de cette trouvaille érotique, diamant incandescent serti des livres de l'Arétin, Cheikh Nefzaoui ou John Cleland, et de tous ceux qui depuis l'invention de l'écriture se consacrent aux corps de chair et de sang en proie à l'amour. Chacun faisait preuve de cette obstination sexuelle que le plus célèbre prisonnier de la Bastille avait opposée à ses juges, chacun reprenait à son compte le *non* de Don Juan à l'instant de mourir, son refus de se soumettre à l'ultimatum du Commandeur. Inutile de préciser que le nombre considérable d'ouvrages en français témoignait de la grande sensibilité de notre langue à l'expression de l'ardeur sexuelle.

Par la disposition même de cette exposition où Éros se déployait en cercles concentriques jusqu'aux œuvres les plus spirituelles, les représentations de la vie amoureuse irradiaient à partir de leurs égarements les plus excessifs. Écrivains et poètes venaient confirmer l'affirmation de Freud dans ses *Trois Essais sur la théorie sexuelle* (1905) : « Dans le domaine de la sexualité, les choses les plus élevées et les plus viles sont partout liées les unes aux autres de la façon la plus intime. »

Il me semblait avoir accédé au parvis de ce « musée de l'amour » dont rêvait Baudelaire, à propos des « Sujets amoureux », dans le *Salon de 1846* : « Bien des fois je me suis pris à désirer, devant ces innombrables échantillons du sentiment de chacun, que le poëte, le curieux, le philosophe, pussent se donner la jouissance d'un musée de l'amour, où tout aurait sa place, depuis la tendresse inappliquée de sainte Thérèse jusqu'aux débauches sérieuses des siècles ennuyés. » Aurions-nous plus que jamais besoin d'un tel musée pour nous rappeler quels ressorts affectifs et quelles représentations du féminin l'amour met en jeu ?

La nuit suivante me gratifiait d'un rêve.

« *Je cherche un passage secret et je m'imagine devoir le trouver dans une cave, mais c'est au grenier d'une maison de proportions imposantes, d'aspect gothique, que je me rends. Là j'ouvre une porte dérobée qui donne sur un entrepôt de fruits et légumes à première vue, mais je devine mon erreur en circulant entre les rangées de cageots et en admirant des filles très dévêtues. Un homme contrefait s'éloigne discrètement avec l'une d'elles. Deux d'entre elles, une brune et une rousse, m'abordent, chacune porte un chignon. Leur type de beauté sombre et laiteuse me touche beaucoup, le grain de leur peau me ravit. Mais, à ma grande surprise, elles me prennent par le bras pour sortir de ce mauvais lieu, malgré mes protestations furieuses. Elles m'assurent que je ne vais pas le regretter. Nous marchons sous une pluie fine dans un terrain vague, boueux et criblé d'étendues d'eau souvent profondes ; je me demande pourquoi des planches en bois n'ont pas été jetées par-dessus pour passer à pied sec, au lieu d'obliger à tant de détours. Je porte le manuscrit de mon livre sous le bras ; ce sont des feuilles volantes et je crains d'en égarer. Je maudis celles qui m'imposent ce parcours, mais mon dépit accroît encore mon excitation. Le sol est glissant et soudain je tombe de tout mon long dans la boue, ce qui curieusement m'amuse beaucoup. Certaines feuilles s'échappent et atterrissent dans des flaques. Inquiet de voir l'encre se dissoudre sous l'action de l'eau sale, en les ramassant je m'aperçois que ces flaques ne sont que des morceaux de verre, pareils à de grands éclats de baies vitrées après une explosion. Les filles me reprochent de ne pas être sortable dans cet état et souhaitent retourner au bordel au moins pour que je me change. Je me dis que, là au moins, je ne manquerai pas de miroirs pour me regarder. Au seuil de ce qui m'apparaît maintenant comme un prétentieux musée de province se tient, cramoisi et goguenard, le professeur X qui me barre le chemin. Je me souviens qu'il est mort quand je lui fais remarquer que la flûte de champagne qu'il tient a le pied cassé. Les filles se moquent de lui, dénouent leurs chignons comme pour secouer l'humidité de leurs chevelures et s'exclament dans un bel ensemble : "Il ne sait pas ce qu'il perd."* »

Par de multiples allusions, ce rêve évoquait ce que j'avais ressenti la veille, mais aussi, par la récurrence des représentations de l'abîme, du pont, de la prostituée, de la chevelure, il s'accordait avec deux rêves de Freud et de Baudelaire que j'examinerai plus loin. Il venait aussi à l'appui d'une hypothèse de Freud dans son article de 1912 « Sur le plus général des rabaissements de la vie amoureuse » : ce que l'homme recherche chez une femme paraît dériver de ses « efforts pour jeter un pont, au moins de façon fantasmatique, sur l'abîme qui sépare les deux courants [tendre et sensuel] de la vie amoureuse ». Ensuite, il précisait : « Le courant tendre et le courant sensuel n'ont fusionné comme il convient que chez un très petit nombre des êtres civilisés ; presque toujours l'homme se sent limité dans son activité sexuelle par le respect pour la femme et ne développe sa pleine puissance que lorsqu'il est en présence d'un objet sexuel rabaissé, ce qui est aussi fondé, d'autre part, sur le fait qu'interviennent dans ses buts sexuels des composantes perverses qu'il ne se permet pas de satisfaire avec une femme qu'il respecte. » Une « pleine jouissance sexuelle » serait donc contrecarrée par la distribution culturelle des rôles sexuels, par les inhibitions et les refoulements qu'ils impliquent, en plus de ce qui dans la « nature même de la pulsion sexuelle » n'est « pas favorable à la réalisation de la pleine satisfaction ». Freud n'hésitait pas non plus, dans cette étude, à conseiller de surmonter « le respect pour la femme » et à se familiariser « avec la représentation de l'inceste avec la mère ou la sœur » pour être « dans la vie amoureuse, vraiment libre et, par là, heureux ».

À côté de l'étrangeté d'un tel conseil, son exécution interroge chacun sur les moyens de parvenir à surmonter ce respect et à se familiariser avec la représentation de l'inceste sans recourir à la cruauté, *sans penser à mal.* Comment sans violence dépasser l'antinomie entre l'objet d'amour idéalisé et l'objet de plaisir rabaissé ? L'activité psychique propice à la fusion des deux courants, le courant tendre et le courant sensuel, implique donc de prendre en compte un troisième courant, le courant *cruel.* A contrario, la difficulté de la fusion des deux autres ne serait pas étrangère à l'occultation *civilisée* de ce troisième courant fort embarrassant.

Si ce courant est nécessaire, n'est-ce pas en raison de l'ouverture au corps et à la chair de l'autre que l'amour exige ? La cruauté serait requise pour favoriser cette ouverture à l'altérité en soi – véritable suspension de l'enceinte narcissique à laquelle le moi est loin de souscrire volontiers –, pour éprouver l'étrangeté de l'autre dans son intégralité, à l'extérieur comme à l'intérieur de soi. La cruauté ne serait pas seulement ressentie à l'occasion d'une blessure ou d'une frustration, mais réclamée par l'abandon amoureux à l'autre. L'amour, comme le rire et l'humour, ne s'exercerait pas sans cruauté.

D'un tel courant, la gravure de Rops, l'œuvre insurmontée de Sade (à laquelle Freud ne fait curieusement jamais allusion) ou l'imaginaire érotique de tant d'auteurs de livres, de tableaux ou de films ont proposé des illustrations saisissantes. Il est à craindre que l'éclipse de la cruauté, son refoulement ou, pire, son clivage, ne provoque la répression de ces « composantes perverses » qui ne trouveront plus d'usage dans l'acte sexuel, sinon avec « un objet sexuel rabaissé ». Mais si un pont doit être jeté entre ces trois courants, il ressemblera à une croix, et ce n'est pas d'une fusion qu'il s'agira mais d'une effusion de la chair au confluent de ces trois courants sexuels. Le plus beau des films sur l'amour de Kenji Mizoguchi ne porte-t-il pas ce titre : *Les Amants crucifiés* (1954) ? En outre, dans la culture, ce troisième courant a été occulté par le rejet durable de l'alliance entre le spirituel et le sexuel en Occident, en raison de l'opposition maintenue entre le corps et l'âme. De ce rejet, seul le champ du mal a bénéficié, comme si le sexuel trouvait en lui sa fin, tandis que le spirituel croupissait dans les sacristies du bien.

Le *bonheur* en amour préconisé par Freud et son silence au sujet de ce troisième courant, celui de la cruauté, *Grausamkeit*, soulèvent d'autant plus de questions qu'il perçoit, dans les *Trois Essais sur la théorie sexuelle*, « les liens les plus intimes » entre « cruauté et pulsion sexuelle ». Au cours de cet ouvrage, il conçoit l'acte sexuel comme une agression tendant à l'union la plus étroite et relève que l'association « formée durant l'enfance entre les pulsions cruelles et les pulsions érotiques » risque de s'avérer « indissoluble dans l'existence ultérieure ». Il réfère aussi la « pulsion de cruauté », spécifiée comme partielle, au « penchant à forcer [propre à l'homme] la résistance de l'objet sexuel ». Au chapitre VI du *Malaise dans la culture* (1930), Freud ajoute que le sadisme appartenant « manifestement à la vie sexuelle, le jeu de la cruauté pouvait remplacer celui de la tendresse ». Ceci suffit-il à expliquer ce « supplément de sadisme qui envenime les relations des deux sexes » dont Freud s'étonne dans la lettre à Zweig déjà citée ? Mais, à partir de là, comment penser plus avant l'irrésistible attrait de la cruauté envers la chair ?

Avec sa perspicacité coutumière et l'amitié vive qui la liait à l'inventeur de la psychanalyse, Lou Andreas-Salomé a souligné la contiguïté de la cruauté et de l'amour quand, le 11 mai 1913, elle notait dans son *Journal d'une année* : « C'est ainsi qu'a lieu cette monstrueuse singularité, cette chose effrayante qui caractérise mystérieusement la cruauté : qu'elle ne s'adresse qu'à l'aimé et augmente avec l'amour. » Mais d'où provient cette affinité entre la cruauté et l'amour, comment agit-elle ? La cruauté entre-t-elle dans l'amour ou l'amour libère-t-il la cruauté ? Comment ne pas remarquer aussi que la connexion, dont Lou, si avertie par ses préoccupations religieuses, souligne la monstruosité et le mystère, est particulièrement à l'œuvre dans le christianisme ?

Ce serait une erreur de réduire la cruauté à ses avatars pervers, sadisme ou masochisme, de la confondre avec la destructivité, ou encore de n'y voir que la perpétuation de pulsions partielles à l'œuvre dans la vie infantile. La cruauté apparaît bien plutôt comme une des conséquences du *ratage* de la pulsion sexuelle qui, n'atteignant pas son objet, n'a de cesse de le poursuivre plus avant, quitte à mettre en péril l'assise narcissique du sujet – mais à quelle source puise-t-elle son énergie ?

C'est dans la mesure où ce courant cruel se manifeste comme une dimension inévitable de la vie amoureuse, voire comme la condition de son accomplissement, que sa contribution à celle-ci doit être appréciée. Admettre le rôle et l'importance de la cruauté, non comme une aberration de l'amour, mais comme une nécessité de sa puissance, renseigne sur les excès qui l'accompagnent ordinairement. Seule la liaison entre la tendresse, la sensualité et la cruauté, mais aussi les conflits qui en résultent, confère à l'amour sa capacité à émouvoir la chair par son pouvoir sur les corps.

Si la cruauté reste liée aux deux autres courants et ne s'en détache pas, elle ne conduit pas à une destruction de l'autre, mais permet la reconnaissance de l'étrangeté de l'autre, plutôt que sa réduction au même. La cruauté, quand elle est mise au service de la vie sexuelle, autorise à franchir *par instants* l'abîme entre le corps et la chair, entre le masculin et le féminin. Rien de moins aisé et les conditions psychiques favorisant la fusion des trois courants sont rarement réunies en un couple, d'où le caractère d'exception de ceux qui s'y prêtent, leurs aptitudes à lâcher prise, à ne pas prétendre maîtriser le cours de l'amour. Le tumulte des amours de Baudelaire avec Jeanne Duval ou de Bataille avec Laure, les échappées sur cet érotisme des corps et des cœurs auxquelles ils sont parvenus, viendront en apporter le témoignage.

Mais l'ambition amoureuse ne se limite pas là : elle dérange et met en déroute l'ordre sexuel que la répression culturelle exige. Sans trêve, l'amour apporte la preuve de la plasticité du pulsionnel nécessaire à l'évolution culturelle en contribuant à libérer le moi de ses « despotes », en l'affranchissant des entraves du ça, du surmoi et du monde extérieur, en offrant au moi l'hommage des forces irrationnelles du désir. Le cannibale incestueux et meurtrier que nous ne cessons d'être dans l'inconscient ne trouve d'issue à ses pulsions sexuelles que dans l'excès amoureux où, grâce au corps, exulte sa chair.

La rencontre des ciseaux et du fétiche

Si le destin d'une fille dépend de l'instant où elle voit ce qu'elle n'a pas, celui du garçon n'est pas étranger à ce qu'il veut voir là où ça n'est pas. La tension de son attente, infiltrée par l'angoisse, fait le lit de ce temps du fétichisme qui ponctue son évolution psychique, avec à son orée l'hallucination d'un pénis maternel. Il cherche à voir cet appendice corporel en lieu et place de son absence, dans la terreur de ce qui pourrait lui apparaître autrement. Le sexe féminin, qu'il a tant de mal à considérer comme un sexe à part entière, reste longtemps pour lui un lieu incertain, informe, dont un peintre en analyse soulignait l'aspect alarmant en rêvant d'un tableau qu'il intitulait « Refuge du noyé aux replis d'algue ».

À la fin de son court texte de 1927 sur « Le fétichisme », Freud rend hommage à un curieux personnage, d'allure obsolète, le coupeur de nattes. Son activité répréhensible est l'objet de tous les anathèmes de la part du célèbre psychiatre allemand Krafft-Ebing, quand bien même l'auteur du volumineux *Psychopathia sexualis* recense des comportements pervers beaucoup moins bénins. À propos de ce personnage armé de ciseaux qui évoque l'imagerie populaire du début du XXe siècle, ses apaches et ses petites filles modèles, Freud estime qu'il se donne par son acte à la fois le spectacle du pénis maternel et de sa castration, le désaveu et l'aveu dans un même mouvement. Mais la situation plutôt rare aujourd'hui qui met en relation le coupeur et la natte qu'il convoite mérite d'être décrite, car elle éclaire d'une lueur vive l'attrait de la chair et la cruauté qu'elle suscite, en plus de la fascination du pénis maternel.

Une femme, Cynthia, d'origine tahitienne, portait une lourde natte que la qualité de sa chevelure, sa longueur et sa brillance rendaient remarquable et qui faisait l'admiration de ses amants comme de ses amis. Un soir où elle se rend à l'opéra, elle est abordée en chemin par un homme élégant et attirant qui, avec beaucoup de tact – au point qu'elle l'écoute, elle qui en a entendu d'autres à ce sujet –, lui vante la beauté de ses cheveux. Très en avance sur l'horaire du spectacle, elle consent à prendre un verre avec lui. Sans aucune agressivité, il lui propose de donner sa natte à une association d'enfants cancéreux ayant besoin de cheveux de qualité pour des implants, des perruques... Cet homme l'intrigue par sa conviction si éloignée des propositions d'un dragueur. Cynthia, la quarantaine venue, a déjà songé à changer de coiffure, lassée du pouvoir d'attraction exercée par sa natte.

Quand, du regard, il l'interroge, avant d'ajouter : « L'urgence donne à l'acte une grande valeur », elle accepte sans hésitation. Son offre mêle habilement la violence à la tendresse. Équipé du matériel nécessaire à l'opération, il l'entraîne dans un coin de parking à l'écart : si elle doit s'enfuir, c'est maintenant, mais elle ne ressent aucune peur. À la vue des ciseaux, un souvenir d'école lui traverse l'esprit, celui des condamnés sous la Terreur dont les cheveux étaient grossièrement élagués avant l'exécution ; une phrase lui revient en mémoire, celle d'une femme dont elle a oublié le nom et qui, sur le point d'être guillotinée, se serait exclamée : « Encore un instant, monsieur le bourreau ! » À cette pensée, elle éclate d'un rire qui surprend l'homme et le laisse interdit ; retrouvant ses esprits, il déclare : « J'avais cru comprendre que vous n'aviez plus l'usage de votre natte. » Telle Penthésilée échappant au coup d'épée d'Achille pour mieux s'offrir à lui, elle lui signifie, en souriant, qu'elle n'a pas changé d'avis. L'image de sa mère lui revient en mémoire, elle la revoit dans ces salles de jeux enfumées où elle se faisait accompagner par sa fille. Joueuse invétérée, elle s'imaginait perdre moins en ayant sa fille sous les yeux. Ce soir-là, celle-ci accepte de perdre *une livre de chair*, une masse de cheveux, en échange de *rien*.

Le rideau se déchire, la perversion de cet homme rencontre la soumission de Cynthia. Les ciseaux séparent la natte de son corps. Elle ressent un étrange bonheur.

Plus tard, au moment où sur scène survient la mort de Mario que Tosca croit feinte, Cynthia fond en larmes, soudain consciente du risque qu'elle vient de courir et du plaisir qu'elle a pu y prendre. Après coup, elle s'aperçoit que là où la plupart, jusqu'à elle-même, voyaient dans sa natte un organe phallique, cet événement lui a appris combien cette tresse de cheveux dissimulait aussi sa nudité, surtout quand elle ne portait aucun vêtement. À son insu, le coupeur de nattes, en se fourvoyant trop bien sur ce qu'il voyait – un pénis imaginaire à l'endroit de sa natte –, au point de la convaincre sans aucune difficulté, lui a ouvert les yeux et lui a rendu quelque chose dont elle avait effectivement l'usage : une féminité à laquelle le fétiche faisait de l'ombre. Ce dernier masquait cet enjeu cruel de l'amour sexuel : la mise à nu.

L'abandon de sa natte témoigne non plus de la valeur du fétiche mais de son caractère postiche. Grâce à son engagement pour ses propres fins dans cette scène de séduction, elle a retourné à son profit le désir pervers dont elle faisait l'objet. Tels ces animistes qui retirent l'âme de la statue fétiche, en soustrayant un petit élément logé en elle mais connu d'eux seuls, et qui par ce procédé la rendent inanimée, vulgaire sculpture bonne à être vendue au premier touriste venu, elle a dupé l'amateur de sa natte. Il croyait s'octroyer le fétiche, elle est entrée dans son désir, mais en se prêtant au jeu, elle le désignait comme un simulacre vide. Allégée du poids d'un désir masculin qui se trompait d'adresse, celui d'avoir un corps muni d'un pénis, elle repart avec *rien en plus*. Elle est devenue une autre à ses propres yeux, une fois abolie cette natte qui captivait les regards. La visibilité du fétiche ne lui cache plus ce qu'elle désire voir pour se penser femme : la nudité de son propre corps ; la violence experte d'un coup de ciseaux aura même été la condition d'une prime de plaisir.

Le rêve du franchissement

Dans l'un des rêves de *L'Interprétation du rêve* (1900), celui dit de « la préparation anatomique », Freud s'attache au thème de l'étonnement sous différentes formes, notamment celle de l'abîme qui le sépare du féminin. Il se voit disséquer « ce qui est des plus étranges,

[...] la partie inférieure de [son] propre corps, bassin et jambes, [...] sans toutefois ressentir le manque dans [son] corps, sans trace d'horreur non plus ». Il s'étonne de ne pas souffrir de ce traitement chirurgical et de ne pas y perdre l'usage de ses jambes. Il aurait pu aussi préciser l'usage de son sexe.

Puis, après avoir erré en ville – et l'on sait mieux depuis son étude de *L'Inquiétante Étrangeté* (1919) combien ce genre d'errance le ramène à son insu au quartier chaud de la ville –, il prend une voiture, « pour cause de fatigue ». Celle-ci va le conduire dans une curieuse maison où il ne se passe rien : « La voiture, à mon grand étonnement, s'engagea dans une porte cochère qui s'ouvrit et la laissa passer par un couloir, lequel formant un coude à son extrémité reconduisait finalement en plein air. »

La séquence suivante du rêve le montre cheminant par monts et par vaux, « en train de faire une randonnée avec un guide alpin [...] à travers des paysages changeants », jusqu'à ce qu'il débouche devant « l'abîme qu'il fallait franchir en passant par la fenêtre » ; mais « le franchissement attendu » ne s'effectue pas, faute d'un pont à jeter par-dessus l'abîme.

L'une des associations que son rêve suscite fait référence au roman *She, Elle ou la source du feu,* de Henry Rider Haggard, « un livre étrange, mais plein de sens caché ». Il en résume le contenu : « [...] C'est une femme qui est guide, [...] il s'agit de randonnées dangereuses, [...] d'un chemin aventureux menant à des régions inexplorées, là où presque personne n'a mis le pied. » Cette femme, Ayesha, a découvert le secret de prolonger sa vie de siècle en siècle, jusqu'à la renaissance de l'homme qu'elle a aimé deux mille ans auparavant. Reine aux pouvoirs magiques vivant au cœur des ténèbres de l'Afrique, elle périra en se baignant une seconde fois dans « le feu de vie » qui lui avait jadis permis de prolonger indéfiniment son existence. Tout ce qui restera d'elle, ce sera « la lourde masse de ses cheveux noirs », « le seul souvenir [...] d'Ayesha dans l'éclat de sa gloire », déclare le narrateur du roman, Louis-Horace Holly.

Pas plus que les deux hommes qui accompagnaient Ayesha dans sa quête de l'immortalité, Freud n'est entré dans ce feu des profondeurs du « continent noir » qui prolonge la vie au-delà de ses limites naturelles. L'abîme auquel conduit le féminin a été approché par lui, comme par les deux héros de *She*, mais n'a pas été franchi. « Comme si ce n'étaient pas les planches mais les enfants qui devaient permettre le franchissement », ce qui étonne une fois de plus le rêveur car rien – sinon une illusion courante – ne lui assure que « les enfants accéderont [...] à ce qui est resté refusé au père » ; l'autre rive restera donc hors de portée. Du secret de la beauté d'Ayesha subsiste son opulente chevelure, capiteux emblème du féminin bien digne d'inspirer à Baudelaire les vers que la ténébreuse toison de Jeanne Duval a suscités :

« La langoureuse Asie et la brûlante Afrique
Tout un monde lointain, absent, presque défunt,
Vit dans tes profondeurs, forêt aromatique !

Comme d'autres esprits voguent sur la musique,
Le mien, ô mon amour ! nage sur ton parfum. »

« Jusqu'où mes jambes me porteront-elles encore ? » Telle est l'interrogation que Freud consigne dans l'analyse de son rêve ; elle fait écho à cette « angoisse pour [ses] jambes » ressentie en rêvant, et c'est résolument d'une marche en direction de ce qui cause « l'effroi dans [ses] pensées » que lui comme Baudelaire, autre explorateur de *gouffres*, nous entretiennent en se penchant sur les prodigieuses érosions de l'amour dans le relief d'une vie.

Le stylite du bordel

À la suite du seul rêve qu'il relate, dans une lettre du 13 mars 1856 à Charles Asselineau, Baudelaire, à l'instar de Freud, se « réveille fatigué, brisé, moulu, par le dos, les jambes, et les hanches ». Ici encore, « bassin et jambes » sont à la peine. Dans le récit de ce rêve constellé de mots en italiques, Baudelaire considérait « comme un *devoir* d'offrir à la maîtresse d'une grande maison de prostitution un livre de [lui] qui venait de paraître ». « En regardant mon livre, précise-t-il, que je tenais à la main, *il se trouva* que c'était un livre obscène, ce qui m'expliqua *la nécessité* d'offrir cet ouvrage à cette femme. » Quand on sait, grâce à sa correspondance avec sa mère, combien celle-ci était la destinataire privilégiée de ses écrits, le soin qu'il prenait à lui faire parvenir ses livres soigneusement reliés, on peut faire l'hypothèse que sa « passion » pour elle (lettre du 3 juin 1857) trouve ici une représentation onirique à sa mesure, d'autant que les thèmes de la consubstantialité du maternel et de l'argent, comme du féminin et de la prostitution, connaissent une résonance considérable dans son œuvre.

Lui aussi se rend en voiture dans cette maison, à l'intérieur de laquelle il ne va pas non plus se passer ce que prévoyait le rêveur, « une occasion de baiser en passant une des filles de la maison ». Mais dans ce temple voué aux corps féminins, dans lequel il entre « pieds nus » comme dans un espace sacré, reboutonnant sa braguette par où « [sa] pine pend », car il juge « indécent de [se] présenter ainsi même dans un pareil endroit », dans un tel lieu, son « livre obscène » perd de son importance au profit du labyrinthe que constituent les galeries de cette maison ornée de dessins souvent bizarres et monstrueux, fœtus, oiseaux ou moitiés d'oiseaux « dont l'œil est *vivant* ». Alors il comprend que ce bordel abrite en plus un « musée médical » qui semble consacré aux anomalies nées des amours vénales. Cette jonction de l'hygiène et du sexe lui semble financée par un journal, *Le Siècle*, « assez bête pour ouvrir une maison de prostitution, et pour y mettre en même temps une espèce de musée médical », avec sa manie « *de progrès, de science, de diffusion des lumières* ». Ce mauvais lieu à prétention éducative l'intimide et l'attriste, le spectre de l'impuissance y plane tant il est « peu fait pour donner des idées d'amour ». À le suivre, nous sommes à la fois fort loin et très proche du « musée de l'amour » qu'il appelait de ses vœux dans son *Salon de 1846*. De l'amour, ce musée paraît ne retenir que ce qui le menace ou le mutile.

En ce mauvais lieu vit un monstre, un être séparé des autres, « né dans la maison, et qui se tient éternellement sur un piédestal ». Il « n'est pas laid », sa figure est « d'une couleur orientale », à l'image de ce « saphir oriental » auquel Dante compare la couleur du ciel le matin sur la montagne du Purgatoire. Dans cet enfer scientifique et laïque, il est le signe matutinal « rose et vert », difforme et intouchable, d'un monde où le mal n'a pas encore réussi à se faire oublier. Sa monstruosité n'est pas étrangère à une grotesque chevelure, un « appendice monstrueux qui lui part de la tête, quelque chose d'élastique comme du caoutchouc, et si long, si long, que s'il le roulait sur sa tête comme une queue de cheveux, cela serait beaucoup trop lourd et absolument impossible à porter ». Ce monstre a des « ennuis » et des « chagrins » liés à cet « appendice de caoutchouc » qui l'oblige à « marcher en chancelant ». Cette « queue de cheveux » en trop, à l'inverse des « fortes tresses » et de la « crinière lourde » évoquées dans le poème « La Chevelure », c'est la chaîne qui rive ce monstre à son banc de galérien.

Parqué dans cette prison vouée au commerce de l'amour, accablé de cet appendice qui le rend aussi gauche que l'albatros « exilé sur le sol », dans l'impossibilité de s'échapper en marchant, Baudelaire n'a pas de mal à s'identifier à ce monstre, à éprouver les contusions impliquées par « la position contournée du monstre »

– dans le poème « Bénédiction », la mère du poète traite son fils de « monstre rabougri ». Quel abîme, en effet, entre lui, « petit et ramassé », et la fille, « grande et bien faite », à côté de qui il doit s'asseoir pour manger. On songe à une représentation fantastique d'une scène évangélique, l'onction à Béthanie, lors du repas chez Simon le lépreux, où les rôles du monstre et de la putain seraient tenus par Jésus et Marie-Madeleine, d'autant que le lavement des pieds « avant de baiser » forme un morceau du rêve baudelairien.

Une vie consacrée à glorifier l'amour, « le sentiment le plus important de la nature », fait de l'auteur du *Choix de maximes consolantes sur l'amour* le poète auquel s'adresser pour accéder aux éléments entrant dans la composition de ce sentiment ; d'ailleurs il n'hésite pas à conclure ce texte en reprenant pour son compte les mots de Jésus envers Marie-Madeleine, la prostituée capable d'un amour qui redonne vie au mort : « Il me sera donc beaucoup pardonné parce que j'ai beaucoup aimé... mon lecteur... ou ma lectrice. »

Baudelaire, pour qui « toute femme [était] un morceau de la femme *essentielle* » et qui projetait d'écrire « Le catéchisme de la femme aimée », ne compte pas sur les enfants, héritiers des monstruosités de leurs parents, pour constituer le pont rêvé par Freud et franchir l'abîme entre l'homme et la femme. Grâce à la conjugaison de leurs réflexions à tous deux, la « guerre de l'amour » se hisse à la hauteur des forces en jeu pour chacun des sexes, du conflit fondamental né de leur déchirure. L'un comme l'autre, sur deux fronts différents, ont tenté d'éviter la chute sur le « sol marécageux » ou la « mare humide », ces figures visqueuses du piège tendu à l'amour : l'illusion d'une complémentarité entre les sexes que leurs deux rêves révoquent, non sans souffrance pour les rêveurs.

II

La décomposition de l'acte amoureux

Le nerf de la volupté

« Moi, je dis : la volupté unique et suprême de l'amour gît dans la certitude de faire le *mal.* – Et l'homme et la femme savent de naissance que dans le mal se trouve toute volupté. » Lire dans le journal intime de Baudelaire la troisième de ses *Fusées* provoque chez celui qui n'a pas perdu toute capacité d'étonnement quant à l'amour une commotion renouvelée à chaque fois. Baudelaire, ce poète si consubstantiel à la langue française, si mal à l'aise avec ses contemporains, si amoureux du féminin, se prononce ici de façon péremptoire sur le lien inconditionnel entre l'amour et le mal. « Moi, je », dit-il, en employant un énoncé qui ne se retrouve guère qu'en français, un énoncé qui précède et appelle un dire singulier, voire solennel. En français, soit dans une langue dont Baudelaire, à travers la caricature de l'écriture d'un Voltaire, a relevé qu'elle « haïssait le mystère », qu'elle était l'ennemie de l'expression poétique, de son obscurité comme de sa spiritualité. Mais n'est-ce pas là aussi ce qui lui donne une portée insigne dès qu'il s'agit de penser et d'écrire sur des matières qui préfèrent demeurer dans l'ombre ? La résistance du français aiguise la pensée et la porte à une incandescence dont cette langue offre une démonstration inégalée quand elle s'efforce de traduire les effets de l'inconscient.

La langue française, mise au travail par un esprit qui s'offusque de la clarté superficielle qu'elle paraît dispenser sur les choses du sexe, devient capable de révéler comme nulle autre le dessous de ces choses. D'où cette aventure flamboyante du français, au XVIIIe siècle, qui vibre de l'affrontement des raisons du corps et de l'esprit. En ce siècle des Lumières – donc de l'Ombre –, sur le terrain du roman, se sont rencontrés des écrivains – Sade, Laclos et Diderot s'inscrivant parmi les plus offensifs – qui sont parvenus à exprimer, grâce au scalpel de la langue française, à sa rigueur effilée, la nécessité du mal au sein des relations amoureuses. À la veille de la Révolution, cette langue a su forger l'outil que réclame l'écriture de l'amour, désacralisant les corps avec des mots, et non des actes.

Réfléchissant sur cet événement historique fondateur, à travers ses « Notes sur *Les Liaisons dangereuses* », Baudelaire a beau jeu de montrer comment le déisme diffus ou l'athéisme repu de ses contemporains jette l'enfant avec l'eau du bain : « En réalité, le satanisme a gagné, Satan s'est fait ingénu. *Le mal se connaissant* était moins affreux et plus près de la guérison que le mal s'ignorant.

G. Sand inférieure à de Sade. » « *Le mal se connaissant* », ce n'est pas en produire une connaissance ou aboutir à le comprendre, c'est tendre un miroir au mal, par surprise en saisir les formes, les faire voir en les mettant en images. Le poème « L'Irrémédiable » offre un certain nombre d'« emblèmes nets », « Idée », « Forme » ou « Être » qui réfléchissent cette « conscience dans le Mal » d'un « cœur devenu son miroir ». Mais l'image chez Baudelaire, son « culte des images », ne renvoie pas à une prolifération anarchique de vues fascinant le regard ; l'image, pour lui, vaut comme support de contemplation. Cette valeur iconique, a fortiori théophanique, de l'image a disparu en Occident et Baudelaire montre dans le poème en prose « Le Miroir » que le droit à l'image « d'après les immortels principes de 89 » a supplanté la profondeur de l'image : « au point de vue de la loi », toutes les images se valent désormais.

Est-ce le hasard si dans ce pays, où quelques romanciers libertins usant du tranchant de la langue française avaient produit un discours inouï sur l'intrication de l'amour et du mal, s'est déchaînée, au nom de la raison puis de la loi, la fureur égalitaire du bien public ? À défaut d'avoir pu expurger la langue de cette « connaissance du mal », la vertu bourgeoise rectifie les corps en tranchant leurs têtes. Au moment où l'échafaud tourne à plein régime, la langue française tait soudain la « férocité folle » de l'amour. Plus la réalité exhibe sans mot l'horreur dont elle est le théâtre, plus la langue est purifiée de ce qui pourrait heurter la sensibilité. Deux siècles plus tard, la langue des camps nazis aggravera cette dissimulation *fondamentale*, qui nie la chair dans la parole. Le texte « exsangue et nu » de *Shoah* donne à lire ceci :

> « Celui qui disait le mot "mort" ou "victime" recevait des coups.
> Les Allemands nous imposaient de dire, concernant les corps,
> qu'il s'agissait de *Figuren*,
> c'est-à-dire de…
> marionnettes, de poupées,
> ou de *Schmattes*, c'est-à-dire de chiffons. »

La férocité mise à nu dans l'amour

Au siècle suivant, celui de Baudelaire, l'affaire est entendue : l'argent est devenu le véritable mobile des intrigues romanesques et tout discours sur l'amour est placé sous surveillance ; d'ailleurs, les gardiens des bonnes mœurs n'hésitent pas à faire des procès aux écrivains au nom de la morale sexuelle.

À l'inverse de sa tête de Turc, George Sand, cette « grosse bête » au « style coulant », à rebours du goût « scatophage » en littérature des Français, Baudelaire, lui, va inventer une langue susceptible de dire l'inadmissible, l'impossible, l'intolérable puissance de l'amour, mais une langue délestée des illusions du siècle précédent, une langue qui se souvient du couperet qui l'a réduite au silence. Dans cette troisième des *Fusées*, il manie une langue affûtée et compare l'acte amoureux à « une torture ou une opération chirurgicale », avant de procéder à sa « décomposition ». Ce mot de « décomposition » deviendra plus tard l'un des plus représentatifs de la pensée freudienne et peut-être celui qui en illustre le mieux la dynamique. Mais rompant avec son sens naturel, la décomposition, chez Baudelaire comme chez Freud, concerne un corps vivant, et non pas un cadavre. Un usage comparable du mot « dissection » est effectué par Freud qui l'applique aux états d'âme, puisque l'âme est enfin devenue avec lui un appareil susceptible d'être démonté. L'interprétation du vivant avec des mots connotant la matière inanimée caractérise cette conquête de la *matière psychique* par la pensée. Cependant, chez Baudelaire et Freud, ce travail de pensée convoque de façon bien différente la référence religieuse qui, antérieurement, présidait aux événements de l'âme.

La décomposition baudelairienne de l'amour consiste à révéler les caractéristiques spirituelles de ces convulsions auxquelles les amants, tour à tour bourreau et victime, s'abandonnent. Car il importe à chacun de perdre et de se perdre dans le coït, de perdre le « gouvernement de soi-même », comme Baudelaire le souligne en détaillant le désordre pulsionnel à l'œuvre : « ces gémissements », « ces cris », « ces râles », « ces yeux de somnambule révulsés, ces membres dont les muscles jaillissent et se roidissent ». Ne dirait-on pas l'exacte description d'une exécution capitale dont la guillotine n'aura jamais été que la sinistre mise en scène désexualisée, un spectacle où, sous la Terreur, l'on se rendait en famille sur cette place qui – par un bel euphémisme noir – sera désignée plus tard comme place de la Concorde ?

Cette décomposition ne s'épuise pas dans l'attention portée aux éléments des ébats sexuels, puisque Baudelaire prend aussi soin de disqualifier le jargon *conventionnel* sur l'amour, celui de l'idylle façon *Paul et Virginie* (1788), qui, à l'instant même où « le rasoir national » passait sur le cou des « voluptueux », précurseurs de la Révolution, sévissait dans les alcôves des nouveaux maîtres du *jour sanglant* – pour aller dans le sens de cette parodie de l'hymne national à laquelle Baudelaire s'emploie en parlant de l'amour : « Entendez-vous ces soupirs... » Et il prend soin de rappeler la dette contractée par la langue envers le marquis de Sade, en ce qui concerne l'expression de la cruauté en amour et l'articulation du mal avec le sexuel : « Il faut toujours en revenir à De Sade, c'est-à-dire à l'Homme Naturel, pour expliquer le mal. » Sade ou l'homme si bien à l'écoute de sa *nature* qu'il a eu le courage d'en raconter sans aucun faux-semblant les débordements comme les défaillances.

Le clivage du mal

Chacun sait aujourd'hui combien les tortionnaires *urbi et orbi* savent manier la périphrase et le mensonge pour dissimuler leurs ignominies. Sous l'Ancien Régime, il en allait de même, « c'était toujours le mensonge, note Baudelaire, mais on n'adorait pas son semblable. On *le trompait*, mais on *se trompait* moins soi-même ». « Pas dit, pas pris » pourrait être la formulation moderne de la canaillerie et nul doute qu'une des victoires posthumes des dictatures du siècle dernier tient à la généralisation du mensonge dans la langue des sociétés démocratiques, sous couvert des meilleures intentions, du respect de l'autre et du refus de l'agressivité. L'Enfer n'a jamais mieux été pavé, mais justement en ce radieux XIXe siècle, comme le remarque Baudelaire, tout conspire à la suppression de l'Enfer, toute la société semble y être intéressée, jusqu'au diable lui-même, ce « joueur généreux » du *Spleen de Paris* : « [Son Altesse] m'assura qu'elle était, elle-même, la personne la plus intéressée à la destruction de la *superstition.* » Satan est en effet le mieux placé pour militer en faveur de l'abolition de l'Enfer, dans la langue et donc la pensée, ce qui rendrait du coup superflu l'*enseignement* du « goût du Paradis » qu'il dispensait bien malgré lui. Car c'est l'un des paradoxes du caractère infernal de l'amour que de procurer aux mortels, par sa volupté, le « goût du Paradis », comme « Les Litanies de Satan » le soulignent :

> « Toi qui, même aux lépreux, aux parias maudits,
> Enseignes par l'amour le goût du Paradis,
> Ô Satan, prends pitié de ma longue misère ! »

Le paradoxe ne s'arrête pas là, puisqu'en ce XIXe siècle français fier d'être l'héritier des principes révolutionnaires, ceux que Baudelaire appelle les « orduriers » parlent de l'amour comme s'ils puisaient leur inspiration dans l'*Imitation de Jésus-Christ*, l'ouvrage de piété alors le plus vendu. Il ne serait question dans « le plus grand plaisir de l'amour » que de « recevoir » ou de « se donner » ou, pire, de « former des citoyens pour la patrie ». Eux, les « orduriers », croient au rapport sexuel et à l'harmonie des sexes, là où Baudelaire est d'une lucidité implacable : « Dans l'amour comme dans presque toutes les affaires humaines, écrit-il dans le fragment XXX de *Mon Cœur mis à nu*, l'entente cordiale est le résultat d'un malentendu. Ce malentendu, c'est le plaisir. L'homme crie : "Oh ! mon ange !" La femme roucoule : "Maman ! maman !" Et ces deux imbéciles sont persuadés qu'ils pensent de concert. – Le gouffre infranchisssable, qui fait l'incommunicabilité, reste infranchi. »

Dans toutes ces « vanteries [...] de probité, de bonté, de charité », les mêmes que celles qui faufilent le « tissu d'horreurs » du journal quotidien, l'oreille si fine de Baudelaire perçoit l'écho de cette dégoulinante religiosité qui nappe le clivage entre la pulsion sexuelle et ses représentations, comme elle concourt à exclure la cruauté du champ de l'expression amoureuse. La tendresse et la sensualité deviennent garantes de la sexualité au détriment de la cruauté abandonnée aux émeutiers et littéralement jetée à la rue. C'est là qu'elle se déchaîne sans phrase dans les massacres et les fantasmes qui les nourrissent. Un décrochage intervient dans le nouage précaire des trois courants de la vie sexuelle : le corps féminin en fera les frais.

Baudelaire, non content de désacraliser l'amour en décrivant ses mécanismes affectifs, porte le fer plus avant en énonçant la vérité au sujet des amants. Il en résulte cet énoncé performatif : « Moi, je dis », où le mal fait retour dans le processus amoureux. Ce « Moi, je », en son assertion souveraine, est déjà porteur d'un excès et d'une audace : excès de celui qui ne se drape plus dans une pose moraliste, audace de celui qui prend la parole au nom du mal. L'amour, ce « crime où l'on ne peut pas se passer d'un complice », n'est plus travesti par un discours désincarné, et le plus accompli des poèmes d'amour de Baudelaire, c'est « Une Charogne » qui n'évite pas la mystérieuse intrication de la matière et de l'esprit dans le processus amoureux, tout à la fois *décomposition et élévation* : « De fait, nous ne pouvons faire l'amour qu'avec des organes excrémentiels », rappelle Baudelaire dans le journal intime de *Mon Cœur mis à nu.* Mais il lui faut une langue délivrée de tout faux-semblant pour oser écrire dans « Une Charogne » :

> « Et pourtant vous serez semblable à cette ordure,
> À cette horrible infection,
> Étoile de mes yeux, soleil de ma nature,
> Vous, mon ange et ma passion ! »

Dans « Les Métamorphoses du Vampire », il n'hésite pas non plus à parler de la femme avec qui il vient de faire l'amour comme d'une « outre aux flancs gluants, toute pleine de pus » !

Il lui faut donc une langue éprouvée par la haute tension entre la jouissance et le néant dans l'opération amoureuse, une langue apte à désigner le mal comme une composante de l'amour, mais non sa fin. Tel Sade, il aurait pu réclamer aux Français *encore un effort pour être révolutionnaires en amour*, car il décèle une sinistre hypocrisie à l'œuvre derrière « les drames et les romans honnêtes » qui captivent ses contemporains – cette même hypocrisie que l'on retrouve maintenant dans tant de drames et de romans *malhonnêtes*, d'une pornographie convenue : ils ne sont que les revers des précédents ; dans les deux cas, c'est l'intrication conflictuelle de la chair et de l'esprit dans la vie amoureuse qui est évacuée, au profit de la *grande illusion*, originelle comme le péché, celle de l'harmonie sexuelle. Alors le voyage vers le lieu du féminin vire à l'horreur du « Voyage à Cythère », où sur « un gibet symbolique » Baudelaire voit pendre son image putride.

L'exercice de la cruauté

Baudelaire se veut « parfait chimiste », et le plus qualifié pour exposer la complexité du vivant afin d'extraire « l'or » de la « boue » ; mais il se veut aussi *saint*, c'est-à-dire doué d'une spiritualité capable de faire surgir la splendeur du minerai de la gangue de matière humaine, de représenter « L'AGITATION DE L'ESPRIT DANS LE MAL », comme il prend la peine de l'écrire en capitales à son avocat. Il ne reproche pas aux « orduriers » de l'être – il n'y a dans son œuvre aucun anathème contre l'ordure ou le déchet, c'est même tout le contraire, comme tant de poèmes en vers ou en prose l'attestent, au premier rang desquels « Une Charogne » ou « Le Joujou du Pauvre » ; il leur reproche de ne pas avoir la langue de leur état, tant ils sont soucieux de ménager leur narcissisme et le reflet suffisant qui en émane. Il est tellement plus satisfaisant pour leur respectabilité d'entretenir une opposition frelatée entre le bien et le mal qui conduit à faire du bien le principe de l'amour, quand il n'en est jamais que l'éventuelle conséquence. Tandis que le « Moi, je » baudelairien, cette vérité radicale d'un je qui s'impose à son moi, n'hésite plus à nouer la volupté amoureuse à « la certitude de faire le *mal* ». Nombreux sont les poèmes qui, comme « À Celle qui est trop gaie », conjoignent les mots cruels, tendres et sensuels dans l'expression de l'amour :

« Ainsi je voudrais, une nuit,
Quand l'heure des voluptés sonne,
Vers les trésors de ta personne,
Comme un lâche, ramper sans bruit,

Pour châtier ta chair joyeuse,
Pour meurtrir ton sein pardonné,
Et faire à ton flanc étonné
Une blessure large et creuse,

Et, vertigineuse douceur !
À travers ces lèvres nouvelles,
Plus éclatantes et plus belles,
T'infuser mon venin, ma sœur ! »

Par là, doit-on comprendre que la décomposition de l'amour, après avoir révélé la dissimulation culturelle de tout discours, puis l'indicible de la pulsion au cœur de toute relation sexuelle, débouche sur ce « *mal* » auquel vont se livrer ceux qui partagent « l'abîme de ta couche » ? Les italiques du mal baudelairien indiqueraient-elles qu'il s'agit moins de l'entité métaphysique que d'un savoir inné, commun aux hommes et aux femmes, chevillé à leur sexualité ? Baudelaire veut-il nous prévenir qu'une sexualité animée par la seule recherche du bien-être, une sexualité libérée du mal, serait une sexualité appauvrie, peut-être plus *innocente* – ignorante du bien et du mal –, mais à coup sûr très infantile ? Quelle est son idée de l'amour, sinon celle d'un « épouvantable jeu » qui conduit les amants au supplice ? Souhaite-t-il voir son lecteur adopter une définition sadomasochiste de l'amour ? Ou bien plutôt orienter l'esprit vers une conception du mal dégagée de la métaphysique, une conception *originelle*, comme le péché du même nom ? À lire Baudelaire, le mal serait ce savoir d'une blessure inhérente à l'amour, cette anticipation de la mort creusée en chacun qui ne se fait jamais mieux entendre que dans le paroxysme de la jouissance, à l'instant où le mal est subverti par la jouissance. Faire la part du mal dans l'amour, c'est reconnaître à son vecteur, la cruauté, toute sa portée, afin de soutenir l'impureté du corps, tout à la fois chair et charogne, d'affirmer comme « L'Héautontimorouménos » leur voluptueuse réunion :

> « Je m'avance à l'attaque, et je grimpe aux assauts,
> Comme après un cadavre un chœur de vermisseaux,
> Et je chéris, ô bête implacable et cruelle !
> Jusqu'à cette froideur par où tu m'es plus belle ! »

Consacrer à l'amour l'*énergie du mal* en soi, c'est dès lors se confronter à cette putréfaction de l'objet amoureux qui est impliquée par son étreinte, affronter cette corruption qui désœuvre les corps, à laquelle chaque amant consent en s'abandonnant à l'autre. Bataille renchérira dans son œuvre sur cette impulsion nécrophile liée au devenir informe d'un corps périssable.

Mais que dire du mal dans une perspective métapsychologique, sinon qu'il constitue pour un sujet l'affirmation absolue de l'un et la négation de tout autre – on en reconnaîtra l'empire avec l'étude ultérieure du personnage de lady Macbeth. L'énergie de cette position narcissique *démoniaque* sera mise au service de l'amour si son représentant psychique, la cruauté, parvient à être noué à la sensualité et à la tendresse.

Les chaînes du visible

Voilà ce que les « orduriers » de toujours n'ont pas le front d'énoncer : ils l'éprouvent, mais à cause du clivage du mal en eux, ils mentent en recourant pour parler de l'amour à des locutions fleuries, saturées de religiosité. Même la prostituée, qui est une figure louée par Baudelaire, car toute sa personne incarne l'offre impure de l'amour, même elle se voile la face devant les corps nus représentés : « Louise Villedieu, putain à cinq francs, m'accompagnant une fois au Louvre, où elle n'était jamais allée, se mit à rougir, à se couvrir le visage, et me tirant à chaque instant par la manche, me demandait, devant les statues et les tableaux immortels, comment on pouvait étaler publiquement de pareilles indécences. » La preuve fournie par le regard effarouché de la putain confirme l'intuition baudelairienne : l'art explore l'étrangeté maléfique de l'état amoureux, il est à même de représenter les substances qui composent le philtre de la volupté ; pourtant seuls les artistes qui ne détournent pas leur regard du mal à l'œuvre parviennent à décrire – souvent à leurs dépens, tant la société ne veut rien en savoir – les ingrédients qui entrent dans la composition de l'amour.

La situation, comme Baudelaire le prévoyait, n'a pu que se dégrader du fait de la disparition de l'Enfer pour l'esprit. Sous l'empire de la conception scientifique du monde, ni la religion ni l'art n'ont les moyens de reconnaître le mal, puisqu'il n'a plus cours, sinon comme un inconvénient produit par les dysfonctionnements d'un système politique, économique ou même climatique. La reconnaissance du mal recule au profit de sa méconnaissance, et donc la *banalité* du mal est vouée à s'accroître dès que sa lumière froide n'est plus captée. Quand la dimension visible de l'individu l'emporte au point de retirer au mal, devenu aussi invisible que la chair, toute crédibilité, alors cet individu peut accepter toutes les sollicitations du diable *qui n'existe plus*, rien ne vient plus faire obstacle aux tentations de la toute-puissance ; d'ailleurs, ces tentations ont changé d'ampleur, elles ne sont plus liées à Dieu ou Satan et leurs buts en sont modifiés, le champ de l'infamie paraît illimité quand les bassesses deviennent des mérites. Alors l'individu est prêt à se soumettre à une nouvelle forme de terreur : « *le vent de l'aile de l'imbécillité* » peut souffler sur lui, il ne lui reste de ses entrailles « que des viscères », comme le pronostiquait le poète dans ses journaux intimes. Il est devenu le fidèle dévot de la « Bêtise au front de taureau », content de se soumettre à ses funèbres exigences énumérées dans « L'Examen de Minuit ».

Chez Dostoïevski, ce chant des sirènes se confond avec la voix du Grand Inquisiteur garantissant « tout ce que l'homme cherche sur terre, c'est-à-dire qui adorer, à qui confier sa conscience et comment s'unir enfin en une incontestable fourmilière commune et unanime ». Tant que cette extrémité n'est pas atteinte, qui repose sur une généralisation d'un lien massifié et désincarné entre les hommes, où le mal s'est dissous, ce dernier ne réussit pas à se faire complètement oublier de chacun, ne serait-ce qu'en raison de l'impossibilité – provisoire ? – de se passer tout à fait d'amour sexuel. Une chance demeure encore de reconnaître la signification du mal en retrouvant sa trace dans la décomposition de l'amour à laquelle procède le laboratoire baudelairien. Mais c'est un laboratoire qui se souvient que son objet d'observation est modifié par son observateur et que le mot laboratoire « abrite le mot » « oratoire » : le lieu de l'observation se conjugue avec celui de l'admiration pour un corps qui dans l'amour conjoint la vie et la mort, unit la chair à la charogne. Dans la chambre des amants, comme Baudelaire le note dans la onzième de ses *Fusées*, « la profondeur de la vie se révèle tout entière dans le spectacle, si ordinaire qu'il soit, qu'on a sous les yeux ».

L'abandon divin

Rappeler la nécessité du mal, c'est pour Baudelaire combattre sur deux fronts, tant qu'il est encore temps, tant que l'Enfer n'est pas un mot exclu de la langue. D'une part, insister sur l'usage délibéré du mal – et donc de son vecteur, la cruauté – dans l'acte d'amour ; d'autre part, appeler à la conversion de l'énergie du mal en vue d'admettre la cruauté comme un courant à part entière de la vie sexuelle et d'éviter son autonomie. Le moi est la scène et l'enjeu de cette lutte ; l'impasse narcissique du moi s'enracine dans l'impossibilité de se suffire à soi-même et l'entraîne à rechercher sa « vaporisation » : ce « besoin d'oublier son *moi* dans la chair extérieure, que l'homme appelle noblement *besoin* d'aimer », souligne-t-il dans *Mon Cœur mis à nu*. Ce qui l'y pousse sans répit, c'est son néant, cette faille à l'intérieur de chacun par où il échappe à lui-même, ce qui le contraint à la recherche incessante d'un complément ou d'un bouche-trou. Dans ce même journal intime, Baudelaire appelle « prostitution » l'issue qui pallie l'*impossibilité d'être un sans autre* : « Goût invincible de la prostitution dans le cœur de l'homme, d'où naît son horreur de la solitude. Il veut être *deux*. » Nul n'échappe à cette poussée, pas même Dieu, « l'être le plus prostitué », puisqu'il ne peut refuser son amour à personne. Mais le Dieu de Baudelaire ne se contente pas d'accueillir sans fin toute demande d'amour, il ira au-devant d'elle et s'y perdra ; cette chute de Dieu correspond à son interprétation de ce que la théologie nomme *kenôse*, soit l'abaissement volontaire de Dieu en la personne de son Fils incarné.

Il faut garder en mémoire la référence constante de Baudelaire à l'Incarnation, c'est-à-dire à cette passion d'amour *en corps* qui exhibe à tous les carrefours la croix du supplice. Qu'est-ce à dire, sinon ceci : l'amour divin des hommes trouve sa représentation dans cette perte du « gouvernement de soi-même » de l'Homme-Dieu, la croix qui le décompose est le signe – et la cime volup-

d'Issenheim, peint par Grünewald, qui impose au regard ce que l'homme ne peut pas voir à l'œuvre tout en restant vivant : sa putréfaction, soit l'objet insaisissable de la pulsion scopique, voir ce qui défait le voir. Le « culte des images » de Baudelaire, sa « grande », « unique » et « primitive passion » traduit ce désir de voir, d'ouvrir les yeux sur ce qui les ferme, d'outrepasser cette limite, afin de ne plus s'aveugler sur la blessure de la mort dans l'amour. À cet égard, comment ne pas s'étonner devant l'admirable organisation du retable dont, passé la vision du corps putréfié en croix, la première ouverture découvre le triomphe de la vie délivrée de la mort, et la seconde ouverture l'homme saint déchiré entre la pulsion et la parole ? L'image visible façonnée sous la poussée de la vision du mal témoigne d'une connaissance incarnée, liée aux tribulations du corps de chair ; elle témoigne aussi de la révolte de tous ceux qui renient un Dieu indifférent aux souffrances humaines, « comme un tyran gorgé de viande et de vins », et elle leur enseigne le « goût du Paradis ». L'imposture divine demeure pour Baudelaire tant que le pouvoir absolu de Dieu ne se résout pas dans la représentation de sa chute : il n'y a pas de dieu, sinon Celui qui s'incarne en l'homme, mais c'est l'extrême puissance du mal ici-bas qui rend nécessaire une telle déclinaison du divin.

Connaissance par les sens

Ainsi, le Dieu de Baudelaire, s'il ne chutait pas en devenant un homme, si la connaissance du mal, de la mort et de l'Enfer lui faisait défaut, serait inférieur à Satan, « le plus savant et le plus beau des Anges », et plus misérable que n'importe quel « pauvre chacal » de la « race de Caïn ». L'amour ne s'éprouve qu'en acquittant ce que sa volupté coûte.

En ce qui concerne l'amour humain, le courage de Baudelaire consiste à discerner l'abaissement que la volupté réclame : l'esprit se trouve précipité dans la matière corporelle par l'opération amoureuse, il lui faut ressentir cet abandon de lui-même, ce rire et ces larmes qui dispersent toutes ses facultés. Le mal en amour est naturel, c'est cette soumission de l'esprit au corps, sa chute, à l'instar de celle de Dieu : « La création ne serait-elle pas la chute de Dieu ? » s'interroge-t-il dans *Mon Cœur mis à nu*. Selon la théogonie de Baudelaire, Dieu n'arrête pas de chuter, en l'ange abhorré d'abord, en l'homme déchu ensuite.

L'amour humain implique ce « besoin de sortir de soi » que Freud décrira dans son article « Pour introduire le narcissisme » (1914), comme la « contrainte de sortir des frontières du narcissisme et de placer la libido sur des objets [...] pour ne pas tomber malade ». Pourtant, il épouse d'abord ce mouvement de chute de l'esprit dans la matière avant de livrer accès à une vie de l'esprit matérialisée. Éprouver le mal dans l'amour consiste à faire l'expérience de ces chutes cumulées du divin dans l'humain. En retour, grâce à l'amour l'homme peut connaître ces « deux postulations simultanées » vers Dieu et vers Satan qui donnent consistance à son âme. Certes, chacun peut tenter de fuir soit dans la spiritualité ou « désir de monter en grade », soit dans l'animalité ou « joie de descendre », mais ce sont des enfantillages de bigot ou de débauché pour Baudelaire en regard de ce qui est en jeu dans l'amour, ce « culte de soi-même » : la connaissance du divin dans l'humain par et grâce à la chute, puisque « le goût de l'infini [...] dans le mal lui-même se proclame », comme il l'écrit dans son projet d'épilogue pour la seconde édition des *Fleurs du Mal*.

Il s'agit dès lors de goûter cette « volupté unique et suprême de l'amour » où « la certitude de faire le mal » est enclose dans « la forme et l'essence divine », où la révulsion du regard dans la jouissance sexuelle donne accès au « dictame » du corps aimé. L'acte d'amour échappe au moralisme puritain fondé sur la honte du sexe ou son insignifiance, et les postures qui en découlent : faire du sexe un acte ordinaire parmi d'autres ou séparer le sexe de l'amour.

L'amour, cette « métamorphose mystique/De tous mes sens fondus en un », Baudelaire en expose la portée au « Démon » dans « Tout entière » : rendre à la chute dans le temporel et le charnel sa valeur d'éternité en faisant servir le mal à cette fin, en le pliant aux harmoniques de la chair ; mais cette valeur ne sera matérialisée et ne deviendra effective que lors de son dépôt dans la langue, en s'élevant contre tout ce qui s'oppose à son expression dans cette langue. En musique, la preuve des pouvoirs de l'esprit amoureux, et de la transposition pulsionnelle inventée par l'artiste, sera particulièrement audible dans le jeu de l'improvisation du free jazz : que l'on songe à l'expressivité du souffle dans le chef-d'œuvre de John Coltrane, *A Love Supreme*.

Par là on entrevoit le rôle et l'importance de l'*infernale* et si durable liaison de Baudelaire avec Jeanne Duval, la belle métisse à la « gorge aiguë », tout ce que son « supplice » doit au « pavillon de ténèbres tendues » de sa « chevelure ». Avec elle, au plus haut point, il a pu jouir de l'étrangeté du féminin, appareiller pour son lieu, reconnaître ses délicieux périls comme ses effroyables précipices, partir « pour le bonheur ». Le mal exalté par leur union récapitule le mal physique et le mal moral que l'affection de sa mère et les nuits auprès de Sara dite la Louchette ou tant d'autres passantes lui ont procurés ; mais il ne s'en satisfait pas, avec Jeanne il va au-delà de la fluctuation entre la mère et la putain, il va à la rencontre de l'amour de l'étrangère et il affronte les résistances au féminin que la morale sexuelle impose.

Un coin du voile sur le prétendu satanisme en amour de Baudelaire est levé ; sa certitude d'être le « martyr docile » de l'amour correspond à sa certitude d'avoir fait son « devoir » en ne se soustrayant pas à son exigence ultime : connaître par la voie de l'amour des femmes le mal pour inscrire le corps de chair dans l'éternité de la langue. Le devoir du poète, c'est de faire servir le mal aux « saintes voluptés » de l'amour – à l'enseigne de Dieu chutant en l'homme pour exhaler sa divinité –, d'en exprimer la « quintessence » dans la langue, d'en cueillir les *fleurs* apparues sur le terreau de ses amours décomposées.

III

L'autre rive du désir

L'envie du féminin

Rappelez-vous ce tableau de Picasso, *L'Ombre*. Au premier plan, au centre du tableau, une ombre ; au second plan, par-delà ce que l'ombre dissimule mal, une femme nue allongée, assoupie peut-être. S'agit-il du dos d'un homme pénétrant dans une chambre par la porte-fenêtre et, poussé par son envie, va-t-il à la rencontre d'une femme étendue sur un lit ? Envie de la regarder, envie de la clarté qui la baigne, envie d'entrer dans sa lumière et de s'exclamer comme dans le Cantique des cantiques (4,7) : « Tu es toute belle, et de défaut, il n'en est pas en toi », qui le sait ? Ou, à l'inverse, l'homme recule-t-il vers le spectateur, tout en la contemplant, après l'avoir mise à nue ? Serait-ce là une somptueuse interprétation de la scène de l'Annonciation rendue à la virilité de son propos ou, d'une façon plus coupable, une réminiscence de la vision de la nudité de Diane surprise par Actéon ?

À coup sûr surgit sous les yeux du lecteur de Freud

une manifestation picturale saisissante, surprenante, de l'un de ses plus abrupts énoncés : « L'ombre de l'objet est tombée sur le moi. » Loin, très loin du contexte de *Deuil et Mélancolie* (1917), semble-t-il, est exposée l'*envie d'une ombre pour son objet*, pour cette apparition du féminin qu'elle désigne. Ce qui se tient dans l'ombre se tient aussi au seuil, et c'est ainsi que la scène est exposée par le peintre : une ombre en suspens devant une femme, une ombre qui, si elle s'avançait, viendrait la recouvrir, si elle reculait, la découvrir.

Une telle posture, la suspension, l'hésitation qu'elle implique, je ne manque pas de la rapprocher de celle que Freud met en scène au début de la XXXIIIe de ses *Nouvelles Conférences* sur la féminité – une réticence de sa part, mais laquelle ? Liée à quelle levée du voile ? Je visualise l'attitude de Freud face à son thème comme celle de l'ombre du tableau de Picasso, retenue, éblouie à la vue du corps féminin, de son éclat lumineux pour l'œil d'un homme. Il y a ici, dans la tâche du conférencier, de son aveu même, quelque chose de « trop », et la psychanalyse est lourde de ce *trop à voir* qui la condamne à *mal dire*. Ce n'est jamais ça. Pour les analystes, c'est « trop peu » dire, mais pour les auditeurs fictifs de cette conférence, c'est encore trop – d'ailleurs, qui Freud s'imagine-t-il voir en face de lui, le public, vous, moi, les analystes, ou surtout une femme, Lou Andreas-Salomé, « la compreneuse par excellence », si présente en filigrane dans ce texte à cause de l'absence de référence à ses écrits sur le féminin ?

Cette conférence masculine ne risque pas de dissiper ce mal-dire inhérent à la matière de l'analyse, elle en porte la trace, le rend évident, puisqu'elle aborde un thème amarré à l'étrangeté du « deuxième sexe » : « l'énigme de la féminité ». Jusqu'à présent, si, pour Freud, une expression issue de la langue s'en approche au mieux, c'est celle de la poésie, la parole poétique étant suscitée par la nature de l'énigme, aussi orientée par le bruissement de l'éventail du féminin que la peinture peut l'être par la vision du corps d'une femme. Au contraire, le propos psychanalytique sera « incomplet et fragmentaire », à la manière de ces planisphères du Moyen Âge parsemés de terres inconnues, ou d'un instrument de musique primitif ne rendant pas un « son agréable », propos décevant en somme, en raison même de l'angle élu par Freud pour parler de cette énigme : « Nous n'avons décrit la femme que dans la mesure où son être est déterminé par sa fonction sexuelle. » Voilà révélé le grappin d'abordage jeté sur la frégate du féminin, le seul grappin dont le corsaire battant le pavillon de la psychanalyse peut se targuer d'avoir l'exclusivité, ce qui le rend lui-même aussi peu respectable que ce dont il fait commerce. Sa légitimité est pourtant attestée par ses prises, tous ces « faits observés, presque sans aucune addition de spéculations », desquels se dégage un « dire sur la féminité » aux conséquences considérables, puisqu'en la femme « cette influence du sexuel va, certes, très loin ».

La conquête d'un supplément

Mieux qu'aucun autre psychanalyste, Wladimir Granoff a souligné l'ampleur des conséquences d'un tel dire, jusqu'à en faire le cœur de la « mauvaise nouvelle » apportée par la psychanalyse. S'interrogeant sur les mauvaises raisons de « quitter Freud », dans la revue *L'Inactuel* (« Quitter Freud ? », n° 3, 1995), Granoff affirme ceci : « Freud, que l'on a ensuite accusé d'avoir restreint le rôle et l'importance des femmes, a donc annoncé quoi ? Il a annoncé cette chose, que je raccourcis d'une manière qui la rend un peu scandaleuse mais qui a été absolument effrayante, et l'est restée, pour tous les hommes et surtout pour ceux de son temps, cette "mauvaise nouvelle" qui ne lui a pas été pardonnée, à savoir que la femme était la prostituée. Comment pouvait-il formuler une telle chose, sinon en impliquant que la prostituée est une sorte de femme hyper-normale. C'est-à-dire que Freud, d'une manière qui ne pouvait que semer l'épouvante, a assis l'image de la femme comme sexe fort face au sexe précaire, au sexe faible, au sexe masculin. »

L'inconnu de la féminité aurait partie liée, dit Granoff, avec la « terreur » que sème la femme « en raison de son pouvoir sexuel ». Mais comment est organisé ce pouvoir ? En quoi la prostituée – celle qui se prête, contre espèces, à devenir n'importe quel objet sexuel pour son client –

est-elle porteuse de l'essence du féminin ? Au vrai, cette « mauvaise nouvelle » est implicite dans la « bonne nouvelle » évangélique, à travers le personnage de Marie-Madeleine, la sainte prostituée qui la première aura le pouvoir de découvrir l'incroyable résurrection de l'homme qu'elle aimait. Comment ne pas aussi remarquer que la terreur du féminin évoque le sacré dont les figures de la prostituée comme de la vierge ont longtemps été porteuses ? Même si les religions antiques ont disparu, leurs traces insistent dans la vie sexuelle.

Il revient donc à la psychanalyse – à cause de sa propre détermination par le sexuel – d'élucider, d'éclaircir ce *devenir femme* qui advient à la petite fille, étant entendu que ce devenir constitue *quelque chose de plus* pour elle : « Le développement de la petite fille en femme normale, précise Freud, est plus difficile et plus compliqué car il comporte deux tâches de plus, pour lesquelles le développement de l'homme ne présente pas de contrepartie. » Ces « deux tâches de plus », on s'en souvient – et ce n'était pas non plus une si bonne nouvelle –, consistent pour la petite fille, qui *est* d'abord « un petit homme » – pas de « comme » introduisant une quelconque comparaison dans les traductions actuelles –, à « échanger zone érogène et objet, deux choses que le garçon, lui, conserve ».

À première vue, un tel échange ne va pas de soi, c'est un échange inégal où une fille aurait beaucoup à perdre sans être assurée de gagner beaucoup : n'est-ce pas d'ailleurs plus un pari qu'un échange ? Là où le garçon est dans une position de *conservateur*, qui n'a rien à changer ou échanger et, « plus heureux, peut continuer, au moment de la maturité sexuelle, ce à quoi il s'était déjà exercé pendant la première éclosion sexuelle », la fille, elle, doit faire l'épreuve du détachement vis-à-vis de l'objet d'amour originaire, la mère, comme vis-à-vis de la zone érogène originaire, le clitoris. Détachement risqué – la proie pour *l'ombre* précisément –, en vue de l'investissement d'un autre objet d'amour, le père, et d'une autre zone érogène, le vagin, tous deux brusquement rassemblés dans une perspective – le creux d'un nom et d'un organe – qui apparaît plus sur le versant de la *Geistlichkeit* que de la *Sinnlichkeit*, du côté de la vie de l'esprit plutôt que de la sensorialité. Déjà, on peut deviner ce qu'un tel parcours de combattante va susciter comme refus et résistances, quand bien même ce double détachement correspondrait à l'enrichissement ou l'approfondissement de la sexualité féminine, soit un gain potentiel sous la forme d'un plaisir dédoublé. Les méandres d'un tel développement psycho-sexuel – véritable jeu à qui perd gagne – devraient-ils être envisagés comme la raison du « supplément » lié au féminin – et le gage de son pouvoir sexuel ultérieur ?

Le privilège d'un défaut

Freud nommera le nerf de la mutation psychique d'une fille « l'*envie du pénis* qui laisse des traces indélébiles dans son développement et la formation de son caractère ». C'est elle, l'envie du pénis, *Penisneid*, qui va gouverner le devenir femme de la petite fille ; c'est ce « manque » ou cette absence qui va entraîner chez elle « une lourde dépense psychique » en vue de surmonter cette « découverte de sa castration ». De la trace de ce qu'elle a eu en tant que « petit homme » mais qu'elle n'a jamais eu en tant que fille, de ce défaut entre représentation et réalité, elle a désormais à répondre dans le cadre de son identification et de sa rivalité avec sa mère. Que la femme devienne la porteuse de ce « défaut de l'organe génital » ne deviendra le signe d'une quelconque faiblesse que pour un homme prompt à vouloir tromper son angoisse de castration. Comme Freud le souligne à propos de l'énoncé *avoir un enfant du père*, où « l'accent repose le plus souvent sur l'enfant et non le père », dans l'énoncé *le défaut de l'organe génital*, l'accent reposerait plutôt sur le défaut que sur l'organe génital. Son organe génital à elle, une fois parvenu à « la féminité normale », présente si peu de défauts qu'il semble même par sa disposition biloculaire, certitude clitoridienne et ouverture vaginale, promettre à la femme – et à en croire le privilégié Tirésias – un surcroît de plaisir et une qualité de jouissance étrangère à l'homme, dont le caractère réputé illimité peut provoquer de l'effroi, comme bien des femmes s'en font l'écho dans la cure. La femme seule, en vertu de la richesse de son devenir, à partir de son défaut originel transformé en ce sexe garant de deux sources de plaisir, paraît en mesure – une fois parvenue au « port » de la situation œdipienne et aux expéditions lointaines que ce havre l'autorisera à financer – d'interpréter toutes les nuances de la partition sexuelle qui lui échoit. Surtout si celle-ci ne correspond pas à la prosodie convenue de la bisexualité – cette notion attrape-tout qui fait la part égale entre une disposition féminine et masculine à l'intérieur de chacun –, mais déploie les dissonances du masculin de la fille avec le féminin de la femme.

Freud s'en doutait peut-être et il faut relire dans cette optique l'épisode de l'assaut des petits garçons contre la petite fille au bouquet de pissenlits, dans l'article « Sur les souvenirs-écrans » (1899). Cette fois, l'envie est bien de leur côté et cette envie démultipliée par les autres personnages féminins et maternels, la nourrice et la paysanne, ne s'apaise que dans la dévoration du bon pain de campagne, puisqu'ils n'ont plus l'âge de la tétée et pas encore celui des préliminaires. Si l'homme ne connaît pas « le défaut de l'organe génital », il a sans doute plus affaire avec cette « calamité » attachée au fait d'être un homme que Lou Andreas-Salomé repérait et qui relèverait de l'inévitable illusion phallique dans laquelle il se trouve pieds et poings liés. Certes, il conserve tout ce qu'il a, mais, à suivre Freud, *il n'obtient rien de ce qu'il n'a pas*, ni l'amour de la femme pour lui-même car c'est à son fils qu'il échoit, ni la faculté de faire naître un enfant, alors qu'à travers la naissance d'un fils elle peut parvenir à « la plus parfaite, la plus facilement libre d'ambivalence de toutes les relations humaines ». Dans un ajout de 1911 à *L'Interprétation du rêve*, Freud faisait de ce lien que lui-même avait pu éprouver dans sa vie avec sa mère Amalia le gage de la réussite d'une vie : « J'ai trouvé que les personnes qui se savent préférées ou distinguées par leur mère témoignent dans la vie de cette particulière confiance en soi, de cet optimisme inébranlable dont il n'est pas rare qu'ils apparaissent comme l'apanage des héros et forcent effectivement le succès. »

Éros, cet « énergumène » troué

Pourtant, ce destin maternel de la féminité qui constitue sans nul doute un couronnement dans l'histoire personnelle de Freud – il n'est que de lire l'ode à la « satisfaction illimitée » que « le fils apporte à la mère » – laisse un curieux arrière-goût : cette réussite ne serait-elle pas trop cher payée quand l'identification à la mère vient interrompre la poursuite du devenir féminin, quand la mère l'emporte sur la femme ? Ne peut-on redouter la « satisfaction illimitée » que procure ce couple mère-fils, encensé par tant de cultures méditerranéennes au détriment des filles, ce maternel contre le féminin organisé sur un mode tel que les garçons seront réduits dans leur vie sexuelle à un balancement honteux entre la maman et la putain ? Si, par cet avènement du fils, la femme accède à ce qui lui manque, cette victoire ne vient-elle pas la fermer à une dimension sexuelle annoncée, que n'épuiserait pas sa maternité et à propos de laquelle cet autre destin de la féminité, l'homosexualité féminine, n'a pas fini de nous surprendre ? Évoquée par un Freud qui se fie ici un peu vite aux travaux d'Helene Deutsch, l'homosexualité féminine réserve encore bien des enseignements. La suspension du primat phallique, la géographie décentrée du corps féminin, la gravitation des caresses suggérées par les œuvres de Colette ou de Virginia Woolf invitent à découvrir de nouveaux territoires amoureux.

À ce propos, on doit ici aussi s'adresser aux poètes et s'empresser de relire ce que le poète « admis au noir mystère », Baudelaire, a su écrire sur « Lesbos, où les baisers sont comme les cascades/Qui se jettent sans peur dans les gouffres sans fonds ». Et, bien sûr, écouter les peintres, tel Picasso, quand ce dernier décline le féminin auquel en tant qu'homme il se réfère : « Je suis une femme. Tout artiste est une femme et doit être gouine. Les pédérastes artistes ne peuvent pas être de vrais artistes car ils aiment les hommes. Comme ils sont des femmes, ils retombent dans le normal. » Mais la force et l'arrogance d'une telle déclaration ne sauraient masquer la virilité des héros de Jean Genet ou d'Hervé Guibert qui, en conjurant les craintes de la pénétration du corps masculin, abordent des aspects complexes de la sexualité masculine.

Terreur ou *envie du féminin*, telle semble donc l'alternative dévolue à l'homme selon sa capacité à apprécier la valeur de l'envie du pénis, cette disposition psychique qui le concerne d'autant plus qu'elle est un ressort de l'énigme de l'autre sexe. On le sait pour l'avoir souvent lu et admis, en laissant à chaque fois une conséquence s'échapper, protestation virile et envie du pénis sont en dernière instance chez Freud, dans *L'Analyse avec fin et l'Analyse sans fin* (1937), le revers et l'avers du « roc » sur lequel vient buter la cure analytique *pour chacun des deux sexes*. Dès lors, pourquoi se priver de l'entendre en ce qui concerne le sexe masculin : qu'un homme parvienne mal à élaborer l'envie du pénis maternel que la découverte de son absence lui fait éprouver – et l'impact de cette absence dans l'angoisse de la castration est un élément central de cette angoisse – risque de le maintenir dans la nostalgie d'une mère phallique qui va contrarier son accès au féminin. Par contre, l'élaboration d'une telle envie, quand elle se résout par l'envie du féminin, jusqu'à se faire femme pour aimer une femme, à l'instar de Picasso, ouvre à cet homme la pratique d'un Éros qui n'est plus borné par les substituts phalliques que les femmes peuvent incarner pour lui. Cet homme, traversé par la castration, mais qui parvient à se reconnaître *troué par son envie du féminin*, devient en mesure de rechercher cette jouissance autre, au-delà du phallus, que Lacan, dans *Encore*, a éclairée par les écrits des femmes mystiques au sein du catholicisme, jouissance qui « ne se promeut que de l'infinitude » de la chaîne signifiante. À ce point de rencontre, « l'hyper-normalité » de la femme que Granoff décèle chez la prostituée viendrait s'aboucher avec l'amour divin que Baudelaire caractérisait comme le comble de la prostitution, puisque Dieu « est l'ami suprême pour chaque individu, puisqu'il est le réservoir commun, inépuisable de l'amour ».

L'écueil du maternel

À nouveau « l'énigme de la féminité » tire l'esprit vers le grand large, vers l'océanique, et dans sa conférence Freud aurait été bien inspiré, en s'adressant à ces « quelques femmes envers qui cette investigation doit des contributions importantes », de ne pas oublier de nommer Lou Andreas-Salomé, elle qui, dès 1910, dans un texte intitulé « L'érotisme », montre que « l'amour, au sens érotique du mot [est] *créateur d'espace* ». Il est vrai qu'elle n'est pas devenue mère.

Mais il va arriver quelque chose au conférencier dans la dernière partie de son propos. Il vient d'évoquer « l'identification à la mère, chez la femme », celle qui « fait s'enflammer en état amoureux l'attachement œdipien [de l'homme] à sa mère ». Première méprise de la part de cet homme, suivie d'une déconvenue, puisque l'amour de sa femme rendue mère, c'est « son fils qui l'obtient ». D'où la tonalité dépressive du constat de Freud face à ce qui apparaît comme un jeu de dupes : « On a l'impression que l'amour de l'homme et celui de la femme sont séparés par une différence de phase psychologique. » Surviennent alors des considérations pénibles concernant cette femme devenue mère, son « peu de sens de la justice », sa « capacité de sublimation moindre que celle des hommes » ; considérations qui donnent l'impression que Freud se sent gagné par la « rigidité psychique » d'une mère étouffant sa féminité. Exprime-t-il ainsi son flottement entre l'exaltation d'un fils et la déception d'un mari ? Jusqu'à ce sursaut dans la conclusion de sa conférence, cet appel à la rescousse du poète capable d'affronter cette mère « épouvantée et pleine de blasphèmes » qui entrave l'accès au féminin.

L'aveu est troublant : le travail analytique doit se poursuivre en référence à la poésie, à cette traduction du *supplément* féminin auquel elle fait place dans la langue. Que la matière de « l'énigme de la féminité » ait partie liée avec la langue, c'est certainement ce que l'écriture tourmentée de Lou Andreas-Salomé, ce que son « style » d'analyste fait apercevoir au lecteur.

Déjà, au XVIIe siècle, Mme de Sévigné, si peu intéressée par son fils, achève de bouleverser les poncifs de l'amour maternel en exposant à longueur de lettres la connivence féminine qui se tisse à travers l'écriture entre elle et sa fille, Mme de Grignan. Dans cette direction de pensée, il faut reconnaître combien l'art du roman, au XVIIIe siècle, avec le libertinage et l'érotisme auxquels il a donné une expression insurpassée, contribue à nourrir la réflexion sur l'enjeu de l'écriture du féminin – et ne serait-il pas juste de reconsidérer aussi sous cette lumière-ci l'héritage des Lumières que Freud a recueilli ? Un roman comme *Les Liaisons dangereuses* doit être considéré comme un véritable manuel d'apprentissage militaire, tant Choderlos de Laclos, cet officier si épris de son épouse, Marie-

Solange Duperré, offre à son lecteur les diverses stratégies amoureuses déployées par des femmes plus soucieuses de reculer les limites de leur vie sexuelle que de la résoudre par la maternité.

Les instructions de la marquise de Merteuil

Trois des protagonistes des *Liaisons dangereuses*, Cécile Volanges, la marquise de Merteuil et la présidente de Tourvel, témoignent tour à tour de l'envie du féminin d'un auteur dont on oublie souvent qu'il composera un an plus tard, en 1783, un traité intitulé *De l'Éducation des femmes*. Comment, par les temps qui courent, ne pas continuer à s'émerveiller que ce jeune artilleur, voué à connaître la Terreur et à devenir général des armées de la Révolution, ait consacré tant d'énergie à dépeindre l'autre sexe, au point que les considérations épistolaires de ses héroïnes jettent la plus vive des lumières sur les destins de femmes ? Cela en dit long sur la portée du désir de l'autre sexe en un siècle où, comme Baudelaire le note, « l'amour de la guerre et la guerre de l'amour » ne sont pas séparés dans l'esprit masculin.

Ces trois personnes décrivent à longueur de lettres les positions de l'amour et du désir, leurs colorations charnelles et spirituelles, en fonction du régime sexuel qu'impose à la femme sa confrontation avec ce que Freud nomme l'envie du pénis. Celui qui aura été l'amant de chacune, le vicomte de Valmont, pourra se croire le seul objet de leur satisfaction, quand il n'aura été que le porteur de la question dont la réponse, inaudible pour lui, donne toute sa consistance verbale à « l'énigme de la féminité ». Interrogeant dans ses lettres les multiples apparitions de l'énigme, ce personnage, chez qui l'habileté à séduire entretient l'assurance, paiera de sa vie sa méprise à l'égard du véritable « sexe fort » ; mais son mérite est surtout de permettre à Laclos d'exposer l'impasse du narcissisme phallique.

Valmont s'apercevra de son erreur, trop tard cependant, une fois broyé par la « machine à plaisir » de Cécile (flanquée de sa mère), puis sacrifié sur l'autel du sentiment de la présidente, enfin tué en duel par Danceny, le bras armé de la marquise à qui il doit sa perte définitive. Mais laquelle voulait-il donc « posséder » entre toutes les femmes, sinon la marquise, celle qui égare toutes les boussoles du désir par la liberté et l'habileté qui la caractérisent, en raison de l'ascèse qu'elle s'est imposée – à lire sa « confession » dans la lettre LXXXI – pour s'élever « au-dessus des autres femmes » ? Dans cette même lettre adressée au vicomte, elle situera exactement l'enjeu de son *génie féminin* : « Quand je vous accorderais autant de talents qu'à nous, de combien encore ne devrions-nous pas vous surpasser, par la nécessité où nous sommes d'en faire un continuel usage ! »

Grâce à ses qualités – de la ruse et un cran dignes du meilleur joueur d'échecs –, la marquise témoigne de son pouvoir sexuel, mais elle ne se contente pas de l'exercer, elle sait aussi en rendre compte. Rien n'est laissé au hasard dans sa conduite, pourtant la partie reste ouverte si ses adversaires n'oublient pas que les jeux de l'amour dépendent moins de leur passion ou de leur maîtrise que de leurs talents. Or ceux-ci sont chevillés à la différence des sexes, comme elle le retrace dans sa « confession » : la « supériorité » de la femme est liée à ce qu'elle n'a pas, à ce qui lui manque, à ce qu'elle doit acquérir pour « surpasser mille fois » l'homme, sans oublier qu'elle aura à négliger toutes ses vertus acquises pour entraîner cet homme un pas au-delà de son avoir masculin. Il ne s'agit nullement de devenir l'égale de l'homme mais, par la rigueur des principes et des règles de l'éducation sentimentale qu'elle adopte, d'accéder à une habileté mentale qui pallie l'absence de pénis, l'autorise à discerner la logique de la sexualité masculine et à déjouer sa domination abusive.

Si « l'orgueil » du corps masculin est fondé sur la présence du pénis, les « travaux pénibles » de la femme vont lui conférer une représentation d'elle-même capable de lui permettre de « combattre corps à corps » un homme. En effet, selon la marquise, l'infortune des femmes, le secret de tant de femmes « inconsidérées », « vaines », « imprudentes », ont partie liée avec la conclusion, erronée car hâtive, que la pénétration dont leur sexe fait l'objet les amène à formuler : *si leur sexe se « laisse pénétrer », leur esprit ne peut que faire de même.* Toute la démonstration de la marquise tend à établir la fausseté d'une telle déduction infantile : elle a su se rendre sexuellement « invincible » dès l'instant où elle est devenue spirituellement impénétrable, où elle a pu doter son corps de toute la force de son esprit. Armée d'un tel savoir, elle parvient à jouir de son corps sans réserve et, « nouvelle Dalila », selon Laclos, elle sait « surprendre » le secret de la fragilité phallique de tant d'hommes, au point parfois, nouvelle Judith, de « venger [son] sexe » en exécutant l'autre, tant la conduite de l'amour exige de prendre une part active à la guerre entre les sexes.

Le corps fait verbe du libertin

Il importe d'entendre la marquise décrire sa puissance acquise :

> « Si cependant vous m'avez vue, disposant des événements et des opinions, faire de ces hommes si redoutables le jouet de mes caprices ou de mes fantaisies ; ôter aux uns la volonté, aux autres la puissance de me nuire ; si j'ai su tour à tour, et suivant mes goûts mobiles, attacher à ma suite ou rejeter loin de moi
> *Ces Tyrans détrônés devenus mes esclaves* ;
> si, au milieu des révolutions fréquentes, ma réputation s'est pourtant conservée pure ; n'avez-vous pas dû en conclure que, née pour venger mon sexe et maîtriser le vôtre, j'avais su me créer des moyens inconnus jusqu'à moi ? »

Cette déclaration de guerre est sans ambiguïté : à l'instar d'une héroïne biblique, la marquise venge son sexe en humiliant cette superbe sexuelle qui est la contrepartie masculine de la conclusion infantile féminine sur la pénétration, tout aussi erronée qu'elle. Pour la marquise, l'anatomie est bien un destin et non une fatalité. On apprend auprès d'elle combien « l'amour est, comme la médecine, l'art d'aider la nature », et comment en corriger les effets néfastes par l'exercice de la pensée.

À l'inverse de cet homme de sa connaissance dont le ridicule est de « faire des sottises » en « ne cessant de dire après : *Ce n'est pas ma faute* » (lettre CXLI), elle est, elle, en position de n'avoir jamais à le dire et de pousser Valmont à la faute. Ce dernier s'imagine en effet l'obliger en écrivant sous sa dictée sa lettre de rupture à la présidente de Tourvel. La faute de Valmont consiste à croire qu'en se parant du « Ce n'est pas ma faute » soufflé par la marquise, il réussirait un coup d'adresse. Ridiculisé à son tour par ce procédé emprunté au « petit modèle épistolaire » de la marquise, féminisé aux yeux de celle-ci par son imitation servile – il se met à ressembler à Cécile Volanges recopiant pour son amant Danceny ce que Valmont écrivait à sa place –, le voici perdu pour avoir « mal lu » et « mal entendu ». En se donnant la peine de mieux lire et d'entendre les lettres de la marquise, avec le trou d'une *troisième oreille*, Valmont aurait dû percevoir que celle-ci se livrerait à lui de nouveau, en récompense d'une perte injustifiable qu'il provoquerait délibérément : quittant par sa faute, *avec ses mots à lui*, la présidente, il aurait rendu à la marquise le plus bel hommage de son désir, le seul qu'elle attendait. Un libertin n'est qu'un séducteur minable quand il ne s'exprime plus avec ses propres mots. Valmont se leurre sur lui-même en piétinant l'amour de la présidente, ce qui le conduira, en se servant des mots d'autrui pour rompre avec elle, à tricher avec les règles du libertinage sous les yeux de la marquise. Celle-ci ne lui pardonnera ni son amour refoulé que cache mal sa rupture impersonnelle, ni son incapacité à reconnaître sa faute au regard du code libertin qu'ils honorent tous deux.

Mais, en compagnie de Mme de Merteuil, Laclos va plus loin. Lui aussi va livrer un secret en forme d'hypothèse : l'extrémité de la jouissance du féminin que désigne la marquise est accordée à la violence d'un dire ; le champ de ses expériences a peu de prix s'il n'est pas exprimé dans son discours, si le corps ne fait pas verbe. En cela, la marquise est proche de ces femmes éloquentes et souvent éprises d'absolu dont la « jaculation », remarquait Lacan, signait la jouissance. La perspicacité de Laclos, jointe à son ironie, le conduit à situer exactement le lieu de naissance du désir de la marquise : la parole de son confesseur, soit l'énoncé des interdits visant « *tout ce que font les femmes* » (lettre LXXXI). À juste titre, elle en usera afin d'orienter sa recherche : « Le bon Père, écrit-elle, me fit le mal si grand que j'en conclus que le plaisir devait être extrême ; et au désir de le connaître succéda celui de le goûter. » Ne manquons pas de remarquer au passage que pour la marquise, comme pour tant d'autres héros libertins, l'éveil et le goût du plaisir dépendent le plus souvent d'une solide éducation religieuse.

À la différence de Valmont et à la faveur de ce « défaut de l'organe génital » propre à son sexe, la marquise *sait lire dans ce qu'elle entend ce qui ne se dit pas.* Pour elle, être porteuse de cette marque congénitale *imprimée* sur son corps – et non son esprit – met une femme en situation, dès qu'elle s'en donne les moyens psychiques, de pénétrer et de déchiffrer les replis de la langue, d'y reconnaître la matrice de l'élaboration de son désir.

L'art de perdre

La marquise se pique d'être une lectrice attentive doublée d'une excellente joueuse qui ne se laisse enfermer dans aucun genre littéraire ou ludique avec ses partenaires. Leurs lettres croisées, telles des cartes abattues, nous renseignent sur leur jeu respectif et les chances de chacun dans la partie en cours. Mais l'habileté de l'auteur du roman consiste à laisser le lecteur entrevoir le dessous des cartes de telle façon qu'il suffit d'un léger *tour d'écrou* de l'œil, comme avec la lunette de pointage d'un canon, pour voir et juger autrement de la conduite des héroïnes des *Liaisons* : alors la marquise a l'air d'une manipulatrice perverse, la présidente d'une hystérique bafouée, Cécile d'une ingénue abusée. Il suffit d'un rien d'inattention pour, comme le dit Picasso, retomber dans le normal, soit la visibilité rassurante de l'horizon phallique. Un quart de tour supplémentaire laisse voir la formule pulsionnelle de l'amour, tendresse-sensualitécruauté, distribuée entre ces trois femmes, mais jamais ici ces trois termes ne seront réunis en l'une d'elles. Ils le seront encore moins dans le roman par lettres de Balzac, *Mémoires de deux jeunes mariées*, l'héritier le plus direct des *Liaisons* ; en effet, le regard sur l'amour a changé, la bourgeoisie est au pouvoir, la cruauté est masquée et ce sont les descendantes de la présidente et de la marquise, Louise et Renée, qui occupent le devant de la scène en s'opposant sur cette alternative propre au féminin : être femme et/ou être mère.

À la fin d'un combat galant où tous les coups sont permis, l'ordre règne et les apparences sont sauves : la pureté défunte et l'innocence cloîtrée relèguent aux oubliettes la méchanceté châtiée – châtrée de ce que la bonne société lui prête au vu de ses turpitudes – et rendue borgne. À l'aune du royaume des aveugles, la marquise est reconnue coupable d'avoir un œil en trop et surtout d'en savoir trop, soit de ne pas avoir cédé sur l'enracinement sexuel de la pensée. Nul doute pourtant que sa conviction obtenue par ses « travaux difficiles », ce « difficile développement vers la féminité » constatait Freud, lui aura permis d'arriver à un *savoir jouir* guère éloigné d'un savoir perdre. Mais le rapprochement de l'amour et de la médecine indiquait aussi chez elle le partage d'une illusion commune à son temps : celle de rendre la pensée de la mort superflue grâce aux progrès de la science.

Sa perte sera causée par l'alliance homosexuelle de Valmont avec Danceny ; une fois leur querelle vidée par un duel, Valmont, à l'article de la mort, le charge de publier les lettres reçues de la marquise. Leur contenu entraînera une réprobation sociale sournoise et unanime. Le bannissement suivra la défiguration de celle-ci : la joueuse solitaire est chassée de la table par ceux qui n'ont pas supporté d'*être joués* par une femme. La vengeance frappe celle qui en remontre à beaucoup d'hommes puisqu'elle ne s'ignore plus en tant que femme : *elle n'a jamais confondu la trouée qui rend son sexe pénétrable avec une insuffisance qui ferait brèche dans son esprit.* Au contraire de l'hystérique qui, par un déplacement du bas vers le haut, conjoint le trou du sexe féminin avec un déficit de pensée responsable de ses maux.

La pénétration sexuelle dont la marquise se fait l'objet n'implique donc pas celle de son esprit : au contraire, la traduction un instant différée du plaisir par son esprit la mettra en situation de *jouir de tout son corps*, d'en jouir *en esprit et vérité.* Là où Valmont veut introduire une limite, une borne à la jouissance et ne pas outrepasser la norme virile en pliant la marquise à son caprice, celle-ci cherche à l'entraîner sur un terrain nouveau, féminin, par-delà le terrain de jeu du libertinage, mais il y perd pied. Par deux fois, en la personne de la présidente et de la marquise, il laisse l'amour le toucher et meurt de ne pouvoir s'y abandonner. Accepter de se laisser pénétrer, ne serait-ce que par l'amour d'une femme, provoque son effroi et creuse la divergence érotique entre lui et elles.

À l'inverse de la présidente comme de Cécile qui ont su tout perdre pour gagner l'autre rive – féminine – du désir, il reste sur le bord, éprouvé par l'amour mais incapable de le vivre. Pourtant, la marquise, entre toutes, l'invitait à dépenser, et se dépenser *par sa faute*, au-delà de son capital sexuel. Mue par son estime pour lui, elle seule était prête à s'engager dans une guerre des sexes – « Hé bien ! la guerre. » (lettre CLIII) – où elle se risquait sans réserve et qui avait pour but déraisonnable la conversion de leur virtuosité libertine en amour extrême, le passage du jeu des corps à l'engagement charnel, le saut du déshabillé mondain à la nudité indécente. C'est là qu'elle se séparait de ses sœurs en libertinage, *Thérèse philosophe* ou *Margot la ravaudeuse*, en allant beaucoup plus loin qu'elles. Sa recherche de la jouissance lui a fait outrepasser le souci de sa respectabilité comme les obligations de l'intérêt général.

Le comble du libertinage, c'est l'effusion amoureuse du corps et de la chair, mais c'est là que l'érotisme du XVIIIe connaît sa limite, dans son incapacité à les réunir en accordant à la mort la part qui lui revient. À la différence de la présidente et de Cécile qui ont inclus la mort ou son équivalent civil, le couvent, dans l'équation amoureuse – en cela, elles annoncent déjà les héroïnes du siècle suivant –, ni le vicomte de Valmont ni Mme de Merteuil ne lui ont fait assez de place et c'est pourquoi ils subiront leur défaite par surprise – comme ces nobles insouciants qui n'ont pas perçu la montée des périls révolutionnaires.

Dans le cas de la marquise, la vengeance n'a-t-elle pas été aussi mauvaise conseillère ? Vouloir venger son sexe trahissait encore trop une rivalité phallique dont elle ne s'était pas complètement libérée et qui impliquait la possibilité inavouée de rencontrer un adversaire plus fort qu'elle, susceptible de la conquérir par son adresse à déjouer ses plans, à défaut d'un adversaire apte à dépasser l'enjeu phallique afin de devenir son complice et de parvenir à l'enjeu spirituel d'une relation sexuelle. Enjeu d'autant plus dangereux qu'il suppose d'assigner une place à la mort dans l'amour.

D'une telle progression du plaisir, qui excède les rôles sexuels et les limites phalliques, quelques hommes de guerre et de lettres ne sont pas exclus, lorsque la conquête masculine de cette position féminine dépend de cette ouverture au féminin qu'ils pressentent en eux-mêmes. Cette vocation s'éveille dès que, à l'enseigne de Picasso, un homme conjugue la leçon de la castration avec cette percée éprouvée dans son corps et porteuse de son envie du féminin. En osant déclarer : « Je n'ai pas d'amis, je n'ai que des amants », ce « héros » viril *atteste* que son envie du féminin le fait accéder à ce territoire que Victor Segalen nommait en poète « Noir-féminin, masse de nuit ». La femme se tient au seuil de cette étendue psychique, dont l'homme a le choix de se rendre l'hôte en sortant de l'ombre pour entrer dans sa nuit.

IV

La chute des corps

Les pestiférées

En dehors de quelques considérations dans ses *Conférences d'introduction à la psychanalyse* (1917) et du *Malaise dans la culture*, le mal n'est pas une catégorie de l'expérience humaine à laquelle Freud a eu souvent recours, sinon comme menace de perte d'amour. L'agression, la destruction, tout ce qui laisse des traces, entaille l'individualité psychique, oui, mais le mal est un mot qui paraît abstrait, trop métaphysique, trop lié au vocabulaire philosophique et religieux.

Pourtant, sans répit, ici ou là, Freud prend soin de rappeler sa présence dans la psyché de l'homme, nier le mal n'ayant pas pour effet de « rendre la vie psychique humaine [...] meilleure, mais incompréhensible ». Il en veut pour preuve, dans sa IXe conférence, « la démesure dans la brutalité, la cruauté et le mensonge qui a actuellement le droit de s'étaler dans le monde civilisé ». Avec une égale sobriété, Baudelaire note dans *Mon Cœur mis à nu* : « Tout, en ce monde, sue le crime : le journal, la muraille et le visage de l'homme. »

Où et comment rencontre-t-on le mal, sinon dans ses conséquences immondes, les forfaits en tout genre perpétrés par l'espèce humaine ? En lui-même le mal échappe à la prise, il ne se voit ni ne se touche, mais chaque corps de chair témoigne de son emprise et du tourment qu'il lui fait subir, à moins de s'en décharger à travers une action funeste ou, mieux, à en vivre l'épreuve dans l'étreinte amoureuse.

Dès que le courant cruel n'est plus noué aux courants tendre et sensuel, il reflue vers le mal dont il est le représentant psychique et le laisse s'emparer du corps. Alors la chair se distingue du corps, la chair apparaît dans la mesure où le mal l'éclaire et la révèle ; sous l'action de ce soleil noir, la chair devient visible : le mal l'expose. Un pas de trop en résulte le plus souvent, celui qui consiste à ne pas soutenir la chair aux prises avec le mal dans le corps, mais à mettre le corps au service du mal, à mettre le mal en acte plutôt qu'en œuvre, à tuer plutôt qu'à supporter de penser le crime.

Donner corps au mal, c'est mettre la chair à vif, comme sous l'effet d'un feu dévorant qui se propagerait aux corps alentour. Déliaison de la cruauté qui nous conduit à ne plus s'étonner du voisinage de l'amour avec le crime, notamment avec ces crimes psychiques dont le psychanalyste est souvent le témoin, au point que certains patients s'imaginent acheter son silence. Mais comment cette déliaison se produit-elle ?

Ombre portée de nos vies, le mal apparaît dans son opacité au fil de la suite ininterrompue de ses atteintes ; son éclat, il faut aller le chercher dans le dispositif de capture des œuvres de fiction. Bataille a consacré sa vie et son œuvre à en rendre compte. Le mal ne saurait être que représenté par l'écriture, atteint par elle, déployé grâce à elle. En elle, le mal s'offre à la pensée, à la fois comme la preuve des limites de la raison et comme le trou noir qui menace sans cesse de la résorber.

En écho à ce constat, cette remarque d'Antonin Artaud, si soucieux de réhabiliter la cruauté au théâtre, prend toute sa portée : « Il importe avant tout d'admettre que comme la peste, le jeu théâtral soit un délire et qu'il soit communicatif. » Que le théâtre, tel que l'entend Artaud dans sa conférence du 6 avril 1933 « Le Théâtre et la Peste », soit « un formidable appel de forces qui ramènent l'esprit par l'exemple à la source de ses conflits », nulle tragédie n'en fournit mieux la preuve que *Macbeth.* Freud y rencontre ces forces telluriques broyant les destinées et emportant tout sur leur passage. Sans nommer le mal, c'est d'une main sûre qu'il en repère le cours dans la pièce de Shakespeare, en la personne de lady Macbeth, *celle qui échoue du fait du succès*, celle qui parvenue à ses fins mauvaises sombre sans raison apparente.

Pour cette étude de « Quelques types de caractères dégagés par le travail psychanalytique » parue en 1916 dans *Imago*, les deux cas que présente Freud sont des femmes, des héroïnes de théâtre ; si la seconde, Rebecca

Gamvik, tirée du drame d'Ibsen, *Romersholm*, illustre son propos, la relation entre l'échec lié au succès en raison de la « conscience de culpabilité », donc du « complexe d'Œdipe, du rapport au père et à la mère », c'est sans aucun doute la première, lady Macbeth, qui donne corps à l'énigme du mal.

L'affinité entre le féminin et le mal est une constante de la littérature qui s'attache à décrire son empire. Le mal se laisse électivement réfléchir dans le miroir d'une langue capable d'abriter les torsions de la chair et du corps des personnages féminins, seuls capables d'accorder un espace interne à la négativité du mal, d'en exposer le travail.

Si l'on conclut que la femme c'est le mal incarné, ainsi que l'obscurantisme et le fanatisme au cours des siècles n'ont pas manqué de le faire en se servant de la religion comme de la morale, on ne pense plus, on oppresse et on exécute des femmes, on brûle les sorcières, on châtie les saintes, on punit les hystériques. Il est beaucoup plus dérangeant de se risquer à penser cette affinité entre le féminin et le mal comme une ouverture pour la pensée, qui prend toute sa valeur à partir de la chair à laquelle seul le féminin donne toute son extension, offre le lieu de son apparition la plus ensorcelante. Dès que le corps féminin est reconnu à la faveur du trouble de la chair liée au corps, trouble qu'il provoque avec tant de force, il s'offre aussi bien à l'amour qu'au mal, à la liaison ou à la déliaison des trois courants sexuels.

Le secret de lady Macbeth

D'entrée de jeu, Freud n'a pas de mots assez élogieux pour dépeindre la détermination sans faille de ce personnage, lady Macbeth, malgré ou à cause de son orientation mauvaise ; la progression des qualificatifs de son texte le montre sans détour : une « énergie imperturbable », un « caractère [...] forgé du plus dur des métaux », une « robuste femme », une « femme dure », « à la trempe d'acier ». Autant de qualités trop viriles qui facilitent non la compréhension, mais l'admission de son effondrement ultérieur, surtout si le psychanalyste refuse de faire sienne l'hypothèse du mal dont ce personnage est la proie. La contradiction entre des qualités propres à soutenir un effort guerrier et la tendresse associée à la douceur que Freud prête aux femmes – un Freud si enclin à privilégier ici les traits traditionnels de la féminité que l'on s'interroge sur ce qu'il préfère taire à ce sujet –, cette contradiction va à coup sûr dans le sens d'une rupture, celle de la corde d'un arc trop tendu. La faille de lady Macbeth – faille aussi entendue dans sa connotation sexuelle – va transparaître, la pointe phallique de ses vertus se révéler n'être que postiche et le personnage convaincu d'imposture s'effondrer dans un « délire nocturne ».

Déjà, le 27 mars 1907, les *Minutes de la Société psychanalytique de Vienne* consignaient l'opinion de Freud sur ce qu'il qualifie de « délire nocturne » chez lady Macbeth, et non de crise de somnambulisme, car, à le suivre, le somnambule ne trahit pas son secret comme elle le fait : « Cependant, déclarait-il, lady Macbeth, chose curieuse, trahit le secret, mais ce n'est pas son propre secret, le secret de lady Macbeth, car elle joue en toute chose le rôle de son mari. Elle trahit seulement quelque chose qui a un rapport avec son secret à elle. » Remarque précieuse puisqu'elle met l'accent sur un secret spécifique en dehors de celui qu'elle partage avec son mari, leur secret sur la mort du roi et la succession de meurtres que ce régicide inaugure. La puissance du mal que cette femme accueille et qui gagne son corps constituerait-elle ce secret, un secret que Freud désignerait comme une « chose curieuse », sans tenter de le dévoiler, veillant à le tenir à distance ? Un secret qui ne serait pas sans lien avec « la religion monothéiste », à laquelle Freud n'apporte pas encore toute l'attention qu'il lui réservera lors de la montée du nazisme et de sa *culture de mort*.

Dès sa première apparition, restée seule, lady Macbeth pointe le ressort du mal – *illness* exprimant le mal et la maladie, à la différence d'*evil* plus métaphysique, ne dissocie pas les plans naturel et surnaturel : *le mal, c'est bien la peste* –, quand elle commente pour elle-même la lettre de Macbeth qui lui annonce l'avenir prédit par les sorcières :

« … tu voudrais être grand
Et tu n'es pas sans ambition – mais sans que t'aide

Le mal [*illness*]. » (I, 5, 17-18 ; traduction de Pierre Jean Jouve)

Elle, de son côté, ne refuse pas l'aide du mal et l'appelle de ses vœux en désignant son point d'impact dans son corps : le sexe comme organe et comme différence, ainsi que la nature de l'échange attendu : *la cruauté à la place du sexe* ; elle échange les effets de son sexe contre une cruauté répandue de la tête aux pieds – *from the crown to the toe* –, une cruauté grosse de toute l'énergie dont Freud énumérait plus haut les retombées positives :

« Ah venez, vous esprits
Qui veillez aux pensées mortelles, *faites-moi*
Sans mon sexe, et du front à l'orteil comblez-moi
De la pire cruauté ! » (I, 5, 38-41 ; je souligne)

Comment entendre cette suppression du sexe qu'elle appelle de ses vœux, sinon comme un renoncement et un refus ? Elle renoncerait à être porteuse d'un sexe féminin qui impliquerait, par sa différence, le désir d'un autre sexe. Elle refuserait le rassemblement sous l'égide de ce sexe féminin des trois courants qui irriguent la vie amoureuse.

Par suite, la reconnaissance de la différence sexuelle et l'acceptation de son sexe comme désirant constitueraient une victoire fragile de l'individuation, à l'opposé de la destruction de la réalité psychique qui est l'enjeu du mal – réalité psychique qui engloberait la totalité sensible tissée entre la chair et le corps.

Comme toutes les situations concentrationnaires du siècle précédent le confirment, à travers le témoignage de ceux qui en sont revenus, l'activité du psychisme est ce qui disparaît en premier quand l'individu est durablement aux prises avec des conditions inhumaines. Le mal auquel il est confronté sans répit le réduit à n'être qu'un corps occupé à survivre aux agressions et au manque de satisfaction de ses besoins essentiels. Sa chair, entendue comme ce qu'il éprouve affectivement, risque même de devenir nuisible à la survie de son corps.

Unsex me : la force de l'expression anglaise – devenue en allemand *entweibt mich* – n'a pas dû échapper à Freud, ni le fait que le féminin chez lady Macbeth s'accommode d'une soustraction de son sexe qui paradoxalement la rend plus virile. Ce paradoxe s'éclaire un peu quand on se souvient que, pour Freud, psychiquement, la petite fille a d'abord été un petit garçon. Or, de cette opération – l'*unsexing*, comme la traduction anglaise de la *Standard* la nomme – est aussi attendu un comblement, non plus en la dotant d'un pénis ou d'un enfant, mais en la rendant pleine de cruauté, une cruauté qui vient suppléer à l'absence comme au vide à l'intérieur d'elle-même. Être *désexuée* génère chez elle une absence au monde à laquelle seule supplée une cruauté d'ogresse. Comblée de cruauté, elle n'a plus rien à attendre de personne, son sexe ne viendra plus la trahir et elle ne sera plus animée que du désir de détruire, elle est devenue aussi inaccessible qu'assoiffée de méfaits.

Mais quelle traduction adopter en français afin de rendre une opération que Méphisto lui-même n'aura pas eu le front de proposer à Faust ? Elle n'est pas seulement « privée de son sexe » ou, pire, « déféminisée », comme le proposent les traductions françaises, mais bien plutôt *arrachée à l'attraction de son sexe génital.* Ce sexe est perdu et elle se présente avec un *sexe en moins.*

Voici un échange entre sensualité et cruauté auquel il n'est pas certain qu'un homme pourrait procéder, tant la représentation de son sexe est nouée à son organe, là où, pour une femme, elle n'y serait pas rivée ; de plus, une telle perte n'est pas l'équivalent d'une castration.

Omettant la cruauté qui échoit à lady Macbeth en échange de son sexe, Freud choisit dans ses citations liminaires de mettre l'accent sur le résultat de l'opération, *the unsexing*, un résultat qui affecte l'aspect maternel de sa féminité, soit le *mauvais sein* qui la caractérise, le lait devenu fiel et l'allaitement rendu meurtrier, le passage du lait donné au sang versé :

> « J'ai allaité et sais
> Combien tendre est d'aimer le bébé qui me trait –
> J'aurais, tandis qu'il souriait à mon visage,
> Arraché le mamelon à sa gencive édentée
> Et fait éclater son cerveau [*and dashed the brains out*], si j'avais juré comme vous
> Avez juré. » (I, 7, 54-59)

La cruauté qui la remplit absolument pulvérise tout ce qui n'est pas le seul but auquel elle tend : le rien.

L'un sans autre

La chute de lady Macbeth, aussi mystérieuse soit-elle, Freud la rattache donc au *sacrifice de la mère dans la femme* avant de s'inquiéter de l'obscurité persistante du personnage : « Devons-nous en déduire, écrit-il, qu'en lady Macbeth elle-même une vie psychique originairement tendre et fémininement douce était parvenue, au prix de grands efforts, à une concentration, à une tension élevées, auxquelles aucune durée ne pouvait être assurée, ou bien sommes-nous autorisés à rechercher des indices qui, en raison d'une motivation plus profonde, nous rendent plus proche, sur le plan humain, cet effondrement ? » Si son effondrement étonne, tant elle paraît hors d'atteinte après l'échange de son sexe contre une cruauté sans pitié, n'est-ce pas en raison de l'ascendant qu'elle acquiert en consacrant toutes ses forces au service du mal et en laissant à son époux la jouissance de leur entreprise criminelle ?

À la question de son brusque effondrement, Freud répond avec des éléments qui tiennent à une féminité bafouée, au soupçon d'une stérilité insupportable – mais le fait que lady Macbeth ait allaité plaide plutôt en faveur de l'impossibilité de donner naissance à un garçon ; enfin, il évoque l'hypothèse qui fait d'elle le complément de son mari, soit la reprise de son hypothèse des *Minutes* : un personnage scindé en deux. « Ainsi, constate-t-il, se réalise en elle ce qu'il [Macbeth] avait redouté dans l'angoisse de sa conscience : elle devient le remords après l'acte, il devient le défi ; ils épuisent à eux deux les possibilités de réaction au crime, comme deux parties distinctes d'une seule et unique individualité psychique, copie peut-être d'un seul et unique modèle. » Ici Freud pressent, comme en 1907, que la question de l'*un sans autre*, du « seul et unique modèle » est en jeu, mais il laisse échapper la clé du mal permettant de faire jouer le ressort de la mécanique passionnelle qui anime lady Macbeth, de sa passion exclusive de l'un.

Bien sûr, il ne manque pas de souligner combien « la pièce tout entière est traversée de relations ayant trait au rapport père-enfants » et au parricide, mais l'essentiel n'est pas là concernant lady Macbeth, et il le sait. Quand celle-ci déclare à propos du meurtre du roi Duncan : « S'il n'avait ressemblé/À mon père quand il dormait, je l'aurais fait » (II, 2, 12-13), elle semble même, par anticipation, donner raison à Lou Andreas-Salomé qui intitulera son article de 1928 « Ce qui découle du fait que ce n'est pas la femme qui a tué le père ».

Sans l'*aide du mal* (*but without/The illness*), il devient difficile de comprendre ce personnage, tout comme le tourbillon de crimes qui emporte son époux, et Freud le reconnaît avant de se tourner vers la pièce d'Ibsen qui offre beaucoup plus de garanties pour la « justification psychologique » – œdipienne – recherchée : « Si, remarque-t-il, en présence de la figure de lady Macbeth nous n'avons pu répondre à la question de savoir pourquoi elle s'effondre, malade, après le succès, la chance nous sourira peut-être davantage avec la création d'un autre grand dramaturge qui se plaît à poursuivre, avec une rigueur inflexible, son travail de justification psychologique. » Cette fois, la « rigueur inflexible » se déplace donc du personnage à son créateur et la chance devient grande de ne plus avoir affaire à une cruauté relevant du mal mais de processus névrotiques mieux connus ; du coup, l'intérêt de Freud se déplace vers un théâtre psychologique, descriptif, beaucoup moins charnel et cruel que le théâtre élisabéthain.

Comme plus tard avec *Les Frères Karamazov* de Dostoïevski, Freud, avec cette pièce de Shakespeare, évite de se confronter à l'action corrosive du mal sur tous les liens humains que ces écrivains osent décrire. Ce n'est pas le courage de faire du mal un objet de pensée qui lui manque, car il a la stature de ces géants de l'esprit, mais la juste appréciation de la valeur et de la portée de la référence religieuse qui organise la pensée de ces auteurs. Il faut attendre la reprise explicite de cette référence dans son ultime ouvrage, *L'Homme Moïse et la Religion monothéiste* (1939), et la relecture de toute l'œuvre freudienne qu'il implique, pour apercevoir l'espace de pensée qui s'ouvre à lui, mais dans lequel – tel Moïse dans la Terre promise – il n'entrera pas. La place faite à la « religion monothéiste » dans sa pensée s'apprécie au moins par une conséquence immédiate : en discernant l'altérité à l'origine du judaïsme, en faisant de Moïse un Égyptien, il autorise son lecteur à définir le mal comme la négation de l'autre et le culte de l'un.

La ruine de l'ordre phallique

En quoi consiste cette aide du mal, qui se présente d'abord comme une parodie de l'Annonciation où lady Macbeth s'adresse *comme un mauvais ange* à un Macbeth encore vierge de tout crime :

> « Viens ici, que je puisse verser mes esprits
> Dans ton oreille, et par la force de ma langue
> Chasser ce qui t'empêche de ce cercle d'or
> Par quoi le sort et le secours surnaturel
> Semblent te couronner. » (I, 5, 23-28)

Conception du crime par l'oreille que redouble la mise en pièces du nourrisson (*dashed the brains out*) lors de la scène de l'allaitement qui, elle aussi, constitue un symbole chrétien de l'amour de la mère envers l'enfant. L'*unsexing* que lady Macbeth obtient passe par le rejet de l'amour et l'inversion des signes ostensibles de sa féminité, le goût du sang substitué au lait, le don de la mort et non de la vie, l'obsession du poignard infligeant la blessure :

> « ... faites-moi mon sang épais,
> À la pitié interdisez accès et passage

Afin que nul mouvement sensible de la nature
N'ébranle mon dessein sinistre, ou ne fasse la paix
Entre lui et l'exécution ! Venez à mes seins de femme
Prendre mon lait comme fiel, vous instruments meurtriers,
Où que vous surveilliez dans vos substances invisibles
La méchanceté de nature ! Arrive donc, épaisse nuit,
Enveloppe-toi des fumées les plus sinistres de l'enfer
Que mon couteau pointu ne voie pas la blessure
Qu'il fait, et que le ciel sous le couvert du noir
Ne vienne pas épier pour me crier "Arrête !" » (I, 5, 41-51)

Mais ce rejet et cette inversion des signes ne sont pas tant un sacrifice de sa féminité que la manifestation exacerbée d'un conflit entre le corps et la chair, dont le féminin est le lieu d'élection ; il ne s'agirait pas d'un sacrifice, mais d'un paroxysme de sa féminité, d'où sa facilité à lever l'hypothèque surmoïque, à ne pas entendre le cri du ciel : « Arrête ! », et à échapper aux « forces de la conscience », une fois déliée de certaines dispositions morales, ces remords et ces scrupules que la traduction de Pierre Jean Jouve tire trop vers la sensibilité et la pitié, des qualités souvent attribuées aux femmes.

Dans le cas de lady Macbeth, l'ambition, le calcul et la volonté ne jouent pas le même rôle que pour Macbeth qui, lui, va *faire* le mal, le mettre en actes non en pensées ; c'est lui qui va se charger de l'exécution du roi, là où elle se contente d'en ressentir le désir, et c'est lui qui sera son bras armé. Tel Satan, elle est celle qui, selon l'expression coranique, « souffle le mal » (Cor CXIV/5) dans son cœur. Lui reste contenu par les limites de l'ordre phallique auquel se heurte son ivresse du pouvoir jusqu'à son échec final, faute d'avoir su traduire en mots les deux apparitions qui annonçaient sa fin :

« ... aucun né d'une femme
Ne pourra atteindre Macbeth... » (IV, 1, 80-81)

et :

« Macbeth ne sera pas vaincu jusqu'à tant que
La grande forêt de Birnam vers le sommet de Dunsinane
Ne s'avance contre lui. » (IV, 1, 92-94)

Macbeth ne sait ni quoi penser ni comment traduire ces prédictions des sorcières, et se contente de leur obéir ; mais lui n'est pas *unsex* et sa rébellion comme sa destruction finale, dans les ténèbres de ce Moyen Âge légendaire, sont des péripéties ordinaires à l'intérieur d'une économie libidinale féodale qu'il ne transgresse guère. N'est-ce pas d'ailleurs pourquoi les sorciers ont toujours eu dans l'Histoire moins d'importance que leurs consœurs, *the Weird Sisters*, « les sœurs fatales » ? Michelet, dans *La Sorcière*, distingue ses « deux dons » : « L'*illuminisme de la folie lucide*, qui, selon ses degrés, est poésie, seconde vue, pénétration perçante, la parole naïve et rusée, la faculté surtout de se croire en tous ses mensonges. Don ignoré du sorcier mâle. Avec lui, rien n'eût commencé.

» De ce don un autre dérive, la sublime puissance de la *conception solitaire*, la parthénogenèse que nos physiologistes reconnaissent maintenant dans les femelles de nombreuses espèces pour la fécondité du corps, et qui n'est pas moins sûre pour les conceptions de l'esprit. » Femmes, elles connaîtraient les secrets de la sexualité – au point de pouvoir se passer des hommes – qui commandent aux destinées de l'espèce humaine. À preuve, la mort de Macbeth, liée au sexe d'une femme qui ne s'est pas ouvert pour laisser passer un enfant : Macduff, son futur vainqueur, a été « arraché/Avant terme au ventre de sa mère » (V, 8, 11-12).

Un sexe en moins

Pour évoquer l'intérêt que peut inspirer la personnalité de lady Macbeth, il faut se tourner vers son narcissisme et le remaniement provoqué par cette cruauté qui la revêt telle une nouvelle peau sans trou ni couture. Au-delà de ce « narcissisme conséquent » que Freud voit à l'œuvre chez la belle femme, le chat ou le grand criminel, lady Macbeth ressemble à un fauve dangereux. Dans un premier temps, le temps du succès, elle ressemble à une femme-léopard, elle reprend à l'animalité ce qui lui appartient, son sexe ne vient plus borner sa sauvagerie, et la conflictualité inhérente à l'Éros est annihilée. Mais cette sauvagerie n'est que le prélude à une régression qui ne s'arrête pas en si bon chemin, une régression qui ne fait pas retour à un stade antérieur et ne s'interrompt que par calcination du désir. Toute culpabilité éteinte, elle ne retrouvera pas cette innocence implacable de l'enfant que n'entame pas encore le souci de l'autre, mais parviendra à un état régressif, non conflictuel, où se déchaînent les forces du mal. Au terme de sa descente aux enfers, lady Macbeth outrepasse les frontières du narcissisme et présente un *moi sans autre.*

Une fois son sexe perdu, tel l'héliotrope, elle se tourne vers l'astre du mal tant sa fusion avec l'un est en marche – et non sa nostalgie ou son envie de l'un qui la soumettrait encore au cours habituel du féminin. Supposons, en effet, que c'est au sein du féminin, de la dualité du féminin ou, pour mieux le dire, de tous ces renoncements à l'un auxquels une femme doit consentir : renoncements liés au passage de la mère au père, du pénis à son sexe, de l'hymen à sa rupture, du père à l'enfant – supposons que c'est en son sein que la tyrannie du sexe unique s'éprouve à travers des conflits dont, chez elle, les revendications divergentes du corps et de la chair apporteraient la preuve. L'accès à la dualité signifie l'aptitude psychique à penser la différence sexuelle, de passer du sexe unique au sexe en ses deux occurrences, masculine et féminine, et d'accéder à la double dimension clitoridienne et vaginale du sexe féminin ; ceci implique chez une femme les remaniements considérables que la psychisation de son corps lui impose.

À l'inverse, un homme peut longtemps soutenir la croyance en un sexe unique – dont beaucoup ne se déprennent jamais – avant de parvenir à reconnaître – sinon à connaître – le sexe féminin dans sa différence. Le conflit entre la chair et le corps n'a pas lieu d'abord à l'intérieur du corps de l'homme, mais en dehors, dans sa relation avec un autre corps. À la différence aussi de l'homme dont le corps ne donne jamais naissance à un autre corps, dont le corps se referme sur lui-même, une femme ne peut ignorer la différence entre l'œuvre de sa chair pour la vie et le travail de la mort dans son corps ; ou bien de tout son corps qui s'est soumis toute sa chair, unifiée et non plus divisée, elle devient la prêtresse de l'un, c'est-à-dire de ce qui ramène le multiple à l'unique, une femme seule au monde dont la démesure narcissique s'accorde à cette passion du rien qui impose le sacrifice de tout ce qui existe en dehors d'elle.

On sera tenté de le dire autrement, en reprenant le processus du fétichisme : pour que le phallus maternel ait de la consistance, il faut que les yeux qui ne le voient pas, mais y croient, soient toujours fixés sur lui, car c'est par cette fixité qu'ils le font advenir de façon hallucinatoire. Là où un homme deviendra pervers, sachant ce qu'il veut voir, imaginant en détenir l'étalon, une femme se risquera dans la démesure si elle ne sait plus ce qu'elle veut voir, si l'affinité symbolique entre le phallus et le pénis n'a plus de consistance à ses yeux, si son sexe ne garantit plus sa jouissance. Une telle quête mène aussi bien à la dépravation qu'à la sainteté, et l'on retrouve une telle aptitude à excéder toute loi chez la Salomé biblique comme chez l'Antigone tragique qui, soit par excès de désir, soit par excès de compassion, finiront toutes deux étouffées à cause de l'effroi qu'elles suscitent parmi les gens raisonnables. Et dans ce cas, seule la mort, et non la loi des hommes, peut avoir raison d'elles.

Mais pourquoi établir une connexion entre l'un et le mal, puisque des femmes à la poursuite de ce but « au-delà du principe de plaisir » peuvent se tourner vers le bien comme vers le mal ? Pensons à Angèle de Foligno, à Thérèse d'Avila ou à Catherine de Sienne, à qui il arrive de s'exprimer comme des héroïnes de Bataille, lui qui reconnaissait que les extravagances et les « jaculations » de ces saintes, certaines Docteurs de l'Église, étaient sa première source d'inspiration. La réponse doit encore se faire attendre, même si l'on peut déjà constater que chez elles la démesure ne dépend pas de la perte de leur sexe.

Pour l'heure, l'effondrement de lady Macbeth, une fois ses visées couronnées de succès, n'est un échec que dans la mesure où le lecteur se conforte dans l'idée qu'elle ne cherchait que le pouvoir royal. Or cette « âme puissante au crime » chère au cœur de Baudelaire, car lui-même, dans « L'Idéal », avoue abriter « ce cœur profond comme un abîme » capable de s'accorder à la noirceur de cette femme, d'entrer dans sa nuit, une telle âme ne se contente pas d'une royauté acquise par l'accumulation de meurtres. Femme, elle ne peut pas confondre le phallus et le pouvoir, cette duperie réservée aux hommes. Elle aspire à une plus haute souveraineté.

Par le rejet de son sexe féminin, lady Macbeth se dresse contre la différence sexuelle, mais aussi contre l'intrication des pulsions de vie et de mort dans l'amour. L'*unsex* n'est pas une négation du sexe mais une déliaison du sexuel qui entraîne la disparition des courants tendre et sensuel au seul profit du courant cruel. Pourtant, le crime ne peut la satisfaire et le tournant de son destin se fait entendre quand elle avoue :

> « On n'a plus rien, tout dépensé
> Quand le désir est assouvi sans satisfaire.
> Plus sûr est d'être ça que nous détruisons
> Que, de destruction, tirer la joie douteuse. » (III, 2, 5-7)

Un renversement est à l'œuvre, détruire l'autre ne suffit plus dès qu'elle comprend qu'il reste encore trop d'autre en elle.

La torche humaine

Comme « Le Rebelle » de Baudelaire répond à l'Ange : « Je ne veux pas ! », cet « esprit indompté » ne se contente pas de livrer passage à une sauvagerie pulsionnelle, aussi avide de son objet que désireuse de le précipiter dans le vide. Il proclame une négation poussée jusqu'à la destruction de soi-même et la poursuite d'une jouissance absolue qui provoque la disparition du sujet et de l'objet, une jouissance qui se confond avec la chute des deux ensemble. *Être ça* pour lady Macbeth, c'est détruire ce qui s'interpose entre elle et l'un, et en tirer la conséquence ultime : se détruire elle-même.

Le mal, dans cette perspective, est contre nature, et tous les animaux menaçants comme les anomalies et les désordres qui escortent la prise du pouvoir du couple criminel confirment le redoublement du monde en un autre, dénaturé, dans lequel lady Macbeth fait sciemment effraction. Au royaume du jour et des formes, où elle était la reine car l'épouse du roi, succède le royaume de la nuit et du difforme dont elle s'affirme l'unique souveraine.

Le champ de sa réussite se confond avec l'aire d'insomnie et les ténèbres de son errance éclairée par le fanal du sang. L'assassinat du sommeil dont elle a été l'instigatrice la laisse les « yeux ouverts », (V, 1,21), en proie à de « terribles rêves », s'avançant vers cette « seconde mort » dont parle l'Apocalypse, le « lac brûlant de feu et de soufre » où elle se résorbera, mettant fin à toute différence entre elle et rien. La mort de son esprit précède sa disparition finale, mais c'est la fournaise que réclame son corps. À cet instant, la chute de son corps résorbe à jamais la protestation de sa chair. Lady Macbeth ne ressemble pas aux « *suppliciés que l'on brûle et qui font des signes sur leurs bûchers* ».

L'intensité de la vie et la rage charnelle de faire signe *en corps* au milieu des flammes, Artaud la représente avec cette image du châtiment des sorcières. Lui-même n'a cessé d'inventer un usage de la cruauté et de creuser cet écart entre le corps et la chair, entre les organes du corps et la chair des pensées, jusqu'à vouloir, à l'instar de cette femme crucifiée dans la gravure de Rops, se substituer au corps christique : « C'est moi (et non Jésus-Christ), avoue-t-il dans son "Adresse au pape", qui ai été crucifié au Golgotha. »

Sade auparavant s'était souvenu de cette appétence du corps pour le feu, en faisant périr Justine, son héroïne la plus déchirée entre le corps et la chair, sous les coups de la foudre, car le torrent d'énergie déversé par le ciel est la seule punition correspondant au maintien buté de cette dualité insupportable au marquis. De même, chez Rider Haggard dans son roman *She*, qui pour Freud traitait de « l'éternel féminin, [de] l'immortalité de nos affects », les fêtes sont éclairées par des bûchers de momies et le feu dévore Ayesha, celle qui croyait en être obéie : « Le feu enveloppa son corps et je la vis le soulever dans ses deux mains, comme de l'eau ; je la vis aussi ouvrir la bouche et respirer la flamme – effroyable et merveilleux spectacle ! Puis elle resta immobile, les bras ouverts, un sourire céleste sur les lèvres : l'Esprit même de la Flamme. » L'instant d'après, la flamme aura ravi son esprit et le « philtre de Vie » sera devenu « fluide mortel », à cause de cette soudaine discordance apparue entre son corps qui pendant deux mille ans s'était rendu *unsex* et sa chair redevenue amoureuse depuis le retour de son amant.

Une funeste solitude

Maintenant, il devient loisible d'entendre Maurice Blanchot énoncer la règle de vie de « l'homme intégral » dans son étude « La raison de Sade » – mais seule une femme, Juliette, parviendra à soutenir cette méchanceté intégrale : « Ainsi, déclare-t-il, tout commence à être clair : pour l'homme intégral, qui est le tout de l'homme, il n'y a pas de mal possible. S'il fait du mal aux autres, quelle volupté ! Si les autres lui font du mal, quelle jouissance ! [...] Il est donc inaccessible aux autres. Personne ne peut lui porter atteinte, rien n'aliène son pouvoir d'être soi et de jouir de soi. Tel est le premier sens de sa solitude. Même si en apparence il devient, à son tour, victime et esclave, la violence des passions qu'il sait assouvir dans n'importe quelle circonstance l'assure de sa souveraineté, lui fait sentir qu'en toutes circonstances, dans la vie et dans la mort, il reste tout-puissant. »

Pourtant, Blanchot se garde d'exprimer la signification de cette souveraineté pour le sujet sadien : Juliette est effectivement capable de se rendre immortelle en se livrant sans réserve aux crimes dictés par ses débordements sexuels, mais elle est condamnée à ne jamais succomber dans sa chair à l'amour – c'est une leçon de Sade tellement assourdissante que nous sommes peu préparés à l'entendre. Le contraire du mal n'est donc pas le bien, mais l'amour qui réclame la conversion du mal, la fusion de son représentant, la cruauté, dans la sexualité et qui s'oppose à la déliaison de ses trois courants. Éclairée par la décomposition de l'amour formulée par Baudelaire, la situation de Juliette démontre que sa sexualité criminelle, démultipliée par les fantaisies érotiques les plus variées, peut se maintenir en l'état à condition d'augmenter sans cesse l'intensité des sensations corporelles, sous peine de la plonger dans l'apathie. Tandis que l'amour requiert cet état de transports commandé par l'effusion du corps qui n'est réalisée que dans la chair et par la chair.

Juliette comme lady Macbeth, l'une par sa méchanceté, l'autre par son inhumanité, sont devenues des égéries du mal bravant tous les interdits, mais pour qui l'amour devient l'interdit majeur, l'unique qu'elles ne peuvent transgresser sauf à se renier : à nier leur néant, c'est-à-dire à devenir des saintes, alors qu'elles sont déjà par anticipation en enfer.

Par contre, Blanchot souligne qu'il n'y a plus de mal quand le mal règne partout. De plus, quand le mal s'est emparé d'un corps, ce dernier est vite seul puisqu'il ne cesse de répandre la destruction autour de lui. Jouir de soi risque bien de signifier la mort pour soi dès que « l'homme intégral » n'a plus de victimes sous la main. Noirceuil le déclare sans fard : « Si j'étais souverain, Juliette, je n'aurais pas de plus grand plaisir que celui de me faire suivre par des bourreaux, qui massacreraient, dans l'instant, tout ce qui choquerait mes regards… Je marcherais sur des cadavres, et je serais heureux ; je déchargerais dans le sang dont les flots couleraient à mes pieds. » D'où la fabuleuse construction de Sade quand il imagine à l'écart du monde, comme le château de Silling peut l'être, des communautés de roués vouées au crime afin que dure le mal qu'ils exercent contre les autres, mais non entre eux. Pasolini, dans son film *Salo ou les 120 journées de Sodome* (1975), accentuera les innombrables dédoublements spéculaires que Sade invente pour perpétuer la jouissance.

Mais le mal n'est pas « intégral » dans ces chambres de tortures, car il ménage ses desservants. Seule Juliette osera parfois transgresser cette règle de bonne conduite entre monstres pour jouir par instants d'une souveraineté réservée à Satan, prince de ce monde.

L'appel du néant

Au nom de l'idéologie bourgeoise du progrès, Satan ne sera désormais qu'un *bon diable* soucieux des hommes et pourvoyeur de ces bienfaits qui allègent les maux de la condition humaine, ceux que Baudelaire égrène dans ses « Litanies à Satan », ce poème en forme de prière à la fin des *Fleurs du mal*, juste avant « La mort ». C'est par une ironie réfléchie de sa part que son Satan paraît proche du Satan-Prométhée de son contemporain, Michelet. Bien loin de la perspective monothéiste, ce Satan qui sent si peu le soufre est l'ange porteur des lumières de la raison, le grand instituteur des secrets de la nature. Freud, admirateur du *Faust*, se situe dans cette lignée et verra dans le diable tour à tour une figuration de l'inconscient et des pulsions, ainsi que du père séducteur, mais non pas celle du mal. Il s'attachera à décrire « le Démon », écrit-il à Stefan Zweig dans sa lettre du 14 avril 1925, « comme un objet scientifiquement saisissable ». Ici vient à lui faire défaut la prise en compte de l'œuvre de Sade qui contribue aussi à son malentendu sur Dostoïevski.

Or Baudelaire est le dernier à se laisser prendre à cette posture avantageuse du « vieux Bouc » qui n'aurait jamais fait plus de mal aux hommes que de leur apprendre à rire. Particulièrement intéressé à dissiper toute trace de son emprise infernale, ce Satan éclairé est un diable rassurant au XIXe siècle et son effacement est si bien avancé que « le temps viendra » où les hommes croiront l'avoir supplanté. De fait, les états démoniaques du XXe siècle laboureront bientôt de leurs griffes le cœur de millions d'hommes.

Avec Baudelaire, si fin clinicien, la progression du mal connaît une description minutieuse dans un texte du fragment XV de *Fusées* qui commence par « Le monde va finir ». Supportant « le ridicule d'un prophète », il établit que le monde ne va pas retourner à la sauvagerie des premiers âges, mais que l'atrophie de « toute la partie spirituelle » et « l'avilissement des cœurs » le conduisent à sa perte.

Si, comme le prétend Baudelaire, « se donner la peine de nier Dieu » demeure le « seul scandale » dans un monde où la religion n'offre plus que des « restes », on mesure l'assurance d'un cinéaste comme Robert Bresson, quand il donne à son avant-dernier film, l'un des plus noirs, un titre qui désigne la cause engloutie du désespoir de ses personnages, *Le diable probablement*, car celui-ci « fait toujours bien tout ce qu'il fait ! » estimait le poète dans « L'Irrémédiable ».

En catholique impénitent, Baudelaire voit en Satan le tentateur qui, dans les Évangiles, propose à Jésus dans le désert trois instruments de la toute-puissance : l'abondance, le pouvoir et l'immortalité, à la seule condition que Jésus l'adore, lui et lui seul. Renchérissant sur les promesses faites à Ève dans le jardin d'Éden – « vous serez comme Élohim, connaissant le bien et le mal » –, Satan ne refuse à l'homme Jésus que le couronnement de la toute-puissance, la divinité.

Cette proximité de l'un et du mal, aucune des trois religions monothéistes ne la méconnaît. En effet, si Dieu fait l'homme à son image, si Dieu s'incarne en lui, si Dieu est un trésor caché qui désire être connu, c'est que, dans le judaïsme, le christianisme et l'islam, Dieu répugne à n'être qu'Un, à être l'Un sans autre, qu'il renonce à être sans témoin. La révolte de Satan s'enracine au contraire dans l'*affirmation d'un monothéisme qui se passe de l'homme*. « Le plus savant et le plus beau des Anges », loué par Baudelaire dans ses « Litanies », serait le seul *alter ego* divin admissible, jusqu'à s'y substituer pathétiquement : « Dieu trahi par le sort et privé de louanges. » Personne mieux que le Satan coranique, Iblis, ne le proclame en refusant de s'incliner comme tous les anges devant l'homme créé par Dieu : « Je suis meilleur que lui, s'écrie-t-il. Tu m'as créé de feu, et Tu l'as créé d'argile » (Cor XXXVIII/76). Jaloux de l'unicité divine, il ne supporte pas que Dieu se donne un autre, pire, un autre qui ne serait pas lui, Satan. Serait-il le seul monothéiste conséquent qui exclue tout autre que Dieu ou qui juge que Dieu n'est plus digne de sa divinité s'il ne peut se passer de l'homme ?

Est-ce que la prétention divine de Satan se confond avec le mal en vue de rétablir un monothéisme intégral ? Pour Sade, à coup sûr, lui qui fait disserter le pape Pie VI devant Juliette sur l'*Être suprême en méchanceté.* Mais pour l'esprit visionnaire d'un Baudelaire comme pour Shakespeare à travers le personnage de lady Macbeth, toute représentation « connaissante » du mal exige de rendre visible son inscription dans la sexualité commune. L'un et l'autre font percevoir combien la reconnaissance du mal est menacée par l'humanisme des « orduriers », qui refusent de nommer l'inadmissible au cœur du sexuel et de distinguer la double postulation entre le corps et la chair qui détermine la vie amoureuse. La sexualité ne cesse d'être scandaleuse pour ceux qui ressentent la jouissance comme l'épreuve corporelle du néant et l'expérience charnelle de la singularité.

L'un, sans image et sans forme, ne constitue ni le contraire ni l'adversaire de Dieu, mais son néant. Là où les saintes se présentent comme des *néants capables de Dieu*, selon l'étonnante expression du cardinal de Bérulle, vouées à être les autres de l'Un, lady Macbeth s'affirme comme un néant qui aspire à encore plus de néant. Son succès matériel précède le triomphe de la négation qu'elle incarne, et son effondrement l'atteste, car après avoir détruit l'ordre patriarcal ancien, elle se détruit elle-même au nom de son aspiration à l'un sans autre, cet autre dont son sexe constituait un rappel insistant. Elle échappe définitivement à l'attraction de l'amour sexuel en rejetant son sexe, puis l'autre sexe, démontrant par là qu'en amour on ne fait jamais un avec l'autre. En faisant le pari du mal, elle choisit d'être sans autre et elle sait que pour être un, il ne faut pas qu'il subsiste d'autre, serait-ce soi-même.

Lady Macbeth apprend à l'homme que, soustrait à l'amour, le mal, au lieu de concourir à la volupté, insuffle la mort à toutes les créatures. Elle illustre la nécessité de la pensée du mal comme passion de l'un, mais cet un n'est que le signe du néant : le mal ne relève ni de l'absence de Dieu ni de la rivalité avec lui, mais de la substitution du rien au divin. Cohérente dans son élévation comme dans sa chute, en étant devenue une femme *unsex*, elle désire le mal et s'y adonne jusqu'à devenir le *buisson ardent* du rien. Elle proclame elle-même sa gloire en s'effondrant dans cette poursuite illimitée du rien, et elle vérifie la seule pensée que son époux, Macbeth, se reconnaît :

« ... rien n'est
Que cela qui n'est pas, [... *nothing is/But what is not.*] »
(I, 3,141-142)

V

Trois femmes en une

La « pénultième »

« Poser un petit problème » et « le résoudre », c'est, à la différence de ce qui se passera pour Macbeth, la possibilité que Shakespeare offre à Freud avec le thème des trois coffrets dans *Le Marchand de Venise* ou des trois sœurs dans *Le Roi Lear*. La satisfaction que Freud en éprouve se retrouve à la lecture de cet article de 1913, « Le motif du choix des coffrets », où la solution économique et élégante du problème des trois coffrets représentant le choix d'un homme entre trois femmes éclate dans sa conclusion : ce thème mythique devient compréhensible quand Freud parvient à établir, comme en se jouant, la double identité de la femme élue, à la fois déesse de l'amour et déesse de la mort. Passage du déplaisir au plaisir, de l'assujettissement à la mort à l'acceptation de celle-ci dès qu'elle est représentée par « la plus belle, la meilleure, la plus désirable, la plus aimable des femmes ». Cette substitution de l'amour à la mort, « d'un élément à son contraire désiré », remonte, selon Freud, à une « identité archaïque », et il s'en explique : « Le choix est mis à la place de la nécessité, de la fatalité. Ainsi, l'homme surmonte la mort qu'il a reconnue dans sa pensée. On ne peut concevoir triomphe plus éclatant de l'accomplissement du désir. On choisit là où, en réalité, on obéit à la contrainte, et celle qu'on choisit n'est pas la terrifiante, mais la plus belle et la plus désirable. » Suivra un dénouement empreint de résignation à propos des trois états de la femme pour l'homme : « On pourrait dire que ce sont les trois relations inévitables de l'homme à la femme qui sont ici représentées : la génitrice, la compagne et la destructrice. Ou bien les trois formes par lesquelles passe pour lui l'image de la mère au cours de sa vie : la mère elle-même ; l'amante qu'il choisit à l'image de la première ; et pour terminer, la terre mère, qui l'accueille à nouveau en son sein. Mais c'est en vain que le vieil homme cherche à ressaisir l'amour de la femme, tel qu'il l'a reçu d'abord de la mère ; c'est seulement la troisième des femmes du destin, la silencieuse déesse de la mort, qui le prendra dans ses bras. »

L'image émouvante qui termine ce paragraphe évoque l'agonie du prince Salina dans le roman de Lampedusa, *Le Guépard*, et cette étrangère qui, dans sa fièvre, vient à sa rencontre, cette inconnue qui vient le chercher pour son dernier voyage : « Soudain, une jeune dame fendit le groupe : svelte, elle portait un costume de voyage marron, avec une ample *tournure*, et un chapeau de paille orné d'une voilette à pois qui ne réussissait pas à cacher la grâce malicieuse de son visage. [...] C'était la créature désirée depuis toujours qui venait le prendre. »

Percevoir les harmoniques de cette oraison funèbre freudienne, c'est d'un côté s'émerveiller devant les trois aspects du don féminin : la vie, l'amour, la mort ; de l'autre, s'attacher à la déclinaison de ce don accordé par la mère, l'amante, et comment appeler cette troisième et dernière femme, celle qui dissimule « la silencieuse déesse de la mort », sinon, en souvenir de Mallarmé qui en a eu un si vif pressentiment, « la pénultième » ? Cette femme fera l'objet d'une attente puisque l'homme se dirige vers elle, s'imaginant « ressaisir » avec elle l'amour de la mère, redoublé de l'amour de l'amante, avant de n'étreindre que le silence.

L'accent est ici plus mis sur l'objet de la pulsion sexuelle que sur la pulsion elle-même, ce qui contribue à insister sur l'importance du personnage maternel, prototype de la surestimation ultérieure de l'objet aimé. Réfléchissant à cet objet, à la relation entretenue avec lui, Freud dégage la loi de l'ambivalence, soit l'oscillation entre l'amour et la haine qu'il inspire.

En amont, du côté de la pulsion, il convient de prêter attention à la configuration amoureuse liée aux trois courants qui l'alimentent selon des combinaisons aussi variables que singulières. Chacune des deux femmes pour l'homme, mère et amante, offre une combinaison de tendresse, de sensualité et de cruauté, en privilégiant un courant plutôt qu'un autre. La troisième femme, celle que j'appelle *la pénultième* ou l'étrangère, confère un visage à la mort et conjugue les traits des deux précédentes, d'une façon qui, selon Freud, frise « l'inquiétante étrangeté ».

Dans le rêve de « la préparation anatomique » déjà rapporté, Freud ne manquait pas, au cours de son interprétation, d'insister sur l'angoisse manifestée dans les pensées du rêve en liaison avec le personnage féminin, Ayesha, du roman *She*, où « la femme-guide, au lieu de ramener pour elle-même et les autres l'immortalité, trouve la mort dans un mystérieux feu central ». La suite de ce roman, *Ayesha, the Return of She*, est encore plus explicite puisque ce personnage est à elle seule la mère immémoriale, l'amante intouchable et la mort au baiser suave. Cette femme en trois est pour le héros, Leo Vincey, l'objet d'un désir exclusif de toutes les autres, mais aucune possession ne peut l'assouvir car l'étreindre, c'est mourir aussitôt. Dans des montagnes reculées de l'Asie centrale où est dissimulé son ultime royaume, le cœur d'un volcan engloutira leur union mort-née.

Que cette femme létale traduise l'impossibilité de renoncer à l'objet d'amour maternel, qui satisfait tout à la fois les besoins et le désir, n'apprend pas comment se dégager de cette fixation et de sa conséquence majeure, l'impuissance masculine. Mais elle implique que le rideau de ce théâtre, où ne cessent d'être représentés les jeux de l'amour et de la mort, de la trahison et de la substitution, se lève d'abord sur une scène dont la mère occupe le centre.

Une mère et son argent

Même si elle concerne Goethe, une déclaration de Freud, à la fin d'« Un souvenir d'enfance de *Poésie et Vérité* » (1917), rend un son autobiographique indéniable : « Quand on a été le favori incontesté de sa mère, on en garde pour la vie ce sentiment conquérant, cette assurance du succès, dont il n'est pas rare qu'elle entraîne effectivement après soi le succès. Et une remarque du genre : "Ma force s'enracine dans ma relation à ma mère" aurait pu être mise à juste titre par Goethe en exergue à sa biographie. » Cet exergue ne manque pas de valoir pour ce « fils favori » que Freud a été pour sa mère, Amalia. Il aime à s'en souvenir en le rappelant souvent dans son œuvre. Comment en dire autant de Baudelaire pour la sienne, Caroline ?

De son amour filial et des « crimes maternels », l'ensemble de sa correspondance apporte un témoignage impressionnant. Des centaines de pages de confidences retenues, de déclarations tendres, de demandes impossibles, de rendez-vous discrets, d'attentes déçues, de reproches virulents composent le roman par lettres de sa passion envers « l'idole » et la « camarade », celle à qui il pense « *sans cesse* » (9 juin 1858) et qui vaut « mille fois mieux que [lui] » (26 novembre 1859). Elle est celle qu'il a aimée « passionnément dans [son] enfance »

(6 mai 1861) et personnifie « le seul être avec lequel [il] puisse vivre doucement, sans ruses, sans mensonge » (26 mars 1860), avec lequel il puisse envisager de « vivre l'un pour l'autre » (6 mai 1861).

Mais ce qui nourrit sans relâche cet échange, jusqu'à sa dernière lettre du 30 mars 1866, où le poète, très malade, écrit encore : « Il faut absolument que tu me donnes de tes nouvelles. [...] Écris-moi longuement et minutieusement sur toi », c'est l'argent, le flux d'argent de sa mère vers lui, cet argent qu'il réclame « à tout prix », presque à chaque envoi, comme ce 6 février 1854 : « Ma chère mère, sans discussion aucune, il me faut à tout prix – à tout prix – *entends-tu bien ? à tout prix – aujourd'hui même*, la somme de *deux cents francs.* »

On sait combien la brève vie de Baudelaire est affligée d'un obsédant manque d'argent. Sa prodigalité juvénile envers l'héritage paternel, la tutelle du conseil judiciaire, « cette épouvantable faute qui a ruiné [sa] vie » (11 octobre 1860), ses activités littéraires peu lucratives, tout le contraint à exiger de l'argent pour ses innombrables dettes en s'adressant à cette mère « inépuisable » (3 avril 1861) qui ne peut le lui refuser. L'argent est le pivot autour duquel tourne l'échange amoureux entre eux ; surtout, l'argent est mis en demeure de représenter la force de l'amour maternel, et ce n'est jamais assez. L'argent de sa mère viendrait éponger le « martyre » (4 juillet 1859) qu'il endure. Même si la « rage » (26 décembre 1853) de sa mère contre sa perpétuelle situation calamiteuse n'excuse pas les « outrages » (9 février 1857) et les « humiliations »

(4 décembre 1854) qu'elle lui fait subir, avec ses « torrents de reproches » (26 mars 1860) et ses « paquets d'horreur » (29 mars 1861), il sait combien les « douleurs » (27 mars 1852) qu'il lui cause méritent d'être punies : « Je suis si affreusement malheureux que si je consens encore à vivre, c'est pour une raison profonde que tu ne connais pas » (4 juillet 1859). Cette raison, n'en rend-il pas compte notamment dans sa lettre du 11 octobre 1860, où il précise : « Pour tout dire, pour tout bien accentuer, ce sont deux idées de charité qui me retiennent, toi et Jeanne » ?

Quelques conséquences sexuelles de l'amour filial

Après la mort du général Aupick, le beau-père détesté, dans une lettre du 20 février 1858 à Antoine Jaquotot, témoin au mariage de sa mère et d'Aupick, avoué et membre du conseil judiciaire, Baudelaire prétend devenir « l'ami intime [...] unique » de celle-ci et avoue que son « installation à Honfleur » auprès d'elle, dans sa « maison-joujou », a toujours été « le plus cher de [ses] rêves » (5 mars 1866) – rêve qu'il s'est bien gardé de réaliser tant il avait déjà eu lieu dans la « blanche maison, petite mais tranquille » où, à la suite du décès de son propre père, il avait vécu avec sa mère, jeune veuve tout à lui. Il ne cache guère alors les sentiments œdipiens qui l'animent et veut être son seul ami, mais attend en retour d'elle les moyens financiers de se consacrer à leur amour. L'argent venu d'elle serait le signe tangible de cette relation, ainsi que la possibilité de mettre à distance sa dimension incestueuse et ses éléments sadiques ou masochistes. Dès lors, le rôle de l'argent apparaît mieux : il permet le dédoublement du personnage maternel et autorise à faire le partage entre les deux figures qui en résultent : la vierge pure et intouchable d'un côté, la prostituée mauvaise et lascive de l'autre. L'argent soutiré à sa mère serait le bénéfice du clivage amoureux qui le conduirait à lui laisser sa chair en otage, tandis qu'il garderait à sa disposition personnelle un corps voué à *baiser*.

Hantée par l'impuissance, la vie amoureuse de Baudelaire est scandée par un partage entre l'*idole* et la *camarade*, d'abord réunies en sa mère, puis opposées en la personne de Mme Sabatier et de Jeanne Duval. Dès que « la Présidente » se donne à lui, cette « divinité [...] inviolable » devenue « femme » (31 août 1857) ne l'intéresse plus, car la cruauté ne trouve pas sa place dans leur aventure. « À Celle qui est trop gaie », il ne réussit pas à faire « une blessure large et creuse » à son « flanc étonné ». Au lieu de la « châtier » et de la « meurtrir » ou de devenir son « martyr docile », il se contente de lui adresser cette lettre de rupture brutale, où il se moque des « sentiments amoureux » de celle qu'il a longtemps courtisée. Il cite sans pitié les termes de la déclaration qu'elle lui a adressée : « Il me semble que je suis à toi depuis le premier jour où je t'ai vu. Tu en feras ce que tu voudras, mais je suis à toi, de corps, d'esprit et de cœur. »

Cette prose lui répugne par sa gratuité et, en connaisseur, il met aussitôt en parallèle les implications concrètes d'une promesse d'argent avec le peu de réalité des promesses d'amour : « Sais-tu réellement ce que tu dis ? Il y a des gens pour mettre en prison ceux qui ne paient pas leurs lettres de change ; mais les serments de l'amitié et de l'amour, personne n'en punit la violation. » Il est loin de confondre l'amour avec la religion et à la proposition d'une harmonie du « corps », du « cœur » et de l'« esprit », il n'accorde aucune *foi* : « Bref, je n'ai pas *la foi.* » Pour lui surtout, l'amour a un prix.

Désormais, tout les sépare, elle se drapant dans une tendresse naturelle, lui dans une sensualité désaffectée, incapables d'inclure dans leur relation les exigences d'une cruauté qui rendraient précieuses les heures partagées.

Au contraire, malgré les turpitudes et les tromperies dont elle l'accable et qu'il énumère dans sa lettre à sa mère du 27 mars 1852, allant jusqu'à penser la tuer, Jeanne Duval restera, comme il l'écrit à la même destinataire le 11 septembre 1856, « [sa] seule distraction, [son] seul plaisir, [son] seul camarade, et malgré toutes les secousses intérieures d'une liaison tempétueuse, jamais l'idée d'une séparation irréparable n'était entrée clairement dans [son] esprit ». C'est toujours à sa mère que, le 11 octobre 1860, il écrit : « Si [...] je disparaissais brusquement, [...] il faudrait faire quelque chose pour soulager cette vieille beauté transformée en infirme. » S'adressant à Jeanne le 17 décembre 1859, il l'appelle « ma chère fille » et ailleurs il en parle à sa mère comme s'il était devenu son « tuteur » (8 décembre 1859). Dans *Le Spleen de Paris*, il l'évoque comme « un cheval de race » : « Elle est bien laide. Elle est délicieuse pourtant ! [...] Le Temps n'a pu rompre l'harmonie pétillante de sa démarche ni l'élégance indestructible de son armature. L'Amour n'a pas altéré la suavité de son haleine d'enfant ; et le Temps n'a rien arraché de son abondante crinière d'où s'exhale en fauves parfums toute la vitalité endiablée du Midi français. »

Freud, dans le premier volet de sa *Psychologie de la vie amoureuse*, « Un type particulier de choix d'objet chez l'homme » (1910), est parvenu à énoncer cette condition déterminante de l'amour : « La femme chaste et insoupçonnable n'exerce jamais l'attrait qui l'élèverait au rang d'objet d'amour ; seule l'exerce la femme qui d'une façon ou d'une autre a une mauvaise réputation quant à sa vie sexuelle, celle dont on peut douter qu'elle soit fidèle ou digne de confiance. » Cet amour, il l'appelle « l'*amour de la putain* ». Dans le second volet, « Sur le plus général des rabaissements de la vie amoureuse », il revient sur les motifs qui ravalent la mère au rang de putain : « Ce sont des efforts pour jeter un pont, au moins de façon fantasmatique, sur l'abîme qui sépare les deux courants de la vie amoureuse et pour faire de la mère, en la rabaissant, un objet de sensualité. »

Or ni la mère ni ses avatars, la vierge et la putain, ne peuvent vraiment satisfaire Baudelaire, puisqu'elles sont le fruit du clivage de sa vie amoureuse. Tandis que l'amour pour Jeanne ouvre sur de plus larges perspectives : il jette un pont en forme de croix entre les trois courants de la vie amoureuse. Autrement dit, ces deux femmes, Mme Sabatier comme Jeanne, présentent des traits qui les rapprochent de sa mère et de cette alliance de la tendresse et de la cruauté qu'il ressent pour elle ; mais alors que Mme Sabatier ne réunit en sa personne que les courants de la tendresse et de la sensualité, seule Jeanne conjugue pour lui tendresse, sensualité et cruauté. Lorsqu'elle n'est plus vénérée comme « l'idole immortelle » du poème « Hymne », « la Présidente » est délaissée ; rendue femme, de déesse vierge elle bascule du côté de la vraie demi-mondaine et de la fausse putain : elle n'attire plus Baudelaire, malgré sa beauté immortalisée par l'un de ses amants, le sculpteur Georges Clésinger.

Jeanne ne connaîtra pas ce sort car, « âme cruelle et sourde », elle inclut la sombre vérité du mal – l'inceste et la prostitution – dans l'expression de son amour. Une transformation survient avec elle du fait de la réunion de la cruauté avec les deux autres courants : ce n'est plus de l'amour de la putain que Jeanne relève mais de l'*amour de l'étrangère*. En faisant place à la cruauté au sein de l'amour sexuel, Baudelaire ne respecte plus sa mère dans sa femme, il peut donc accéder au féminin de sa femme. C'est en tant que « Bizarre déité », « Sorcière au flanc d'ébène », « Tigre adoré, monstre aux airs indolents » que Jeanne est l'objet de son amour, qu'elle enflamme son désir et le conduit à enjamber l'abîme, l'insatiable gouffre de « Sed non satiata ». Un amour sexuel si vaste, qui recèle une palette si étendue de sentiments antagonistes, exalte chez lui cette pensée de la chair dont le poème « Les Promesses d'un Visage » dispense la splendeur. Dans ce titre est ramassée la pensée vive de Baudelaire, puisque ce poème détaille comment, « depuis le nombril jusqu'aux fesses », la séduction obscure de l'amante, ses seins, son ventre, sa toison sont reflétés par ses yeux « très-noirs », comment tout son corps se mire dans la nuit de son visage, comment ce visage promet l'aube voluptueuse de sa chair.

La duperie réciproque

Avant d'en arriver aux subtiles élaborations distillées dans ses poèmes, Baudelaire a envisagé les impasses de l'amour. Une nouvelle, *La Fanfarlo*, rend compte de l'échec amoureux dû à l'exclusion de la cruauté dans l'alchimie des sentiments envers l'objet aimé. L'intrigue ressemble à une épure. Une femme mariée, Mme de Cosmelly, va se servir du désir d'un « jeune roué », Samuel Cramer, pour regagner les faveurs de son mari. Ce dernier entretient une danseuse, la Fanfarlo, que Samuel va lui arracher, dans l'espoir de venger Mme de Cosmelly et de « trouver dans les bras de l'honnête femme la récompense de cette œuvre méritoire ». Celle-ci, une fois son mari revenu auprès d'elle, se retire avec lui en province et laisse Samuel en tête à tête avec la Fanfarlo, qui par « ce mariage vicieux qu'on nomme le concubinage » lui fait payer la duperie de sa conduite : se faire aimer d'elle pour en gagner une autre.

Le personnage de Samuel, « l'homme des belles œuvres ratées », manifeste ce partage entre l'amour tendre à l'égard de Mme Cosmelly et l'amour sensuel pour la Fanfarlo, déliaison des courants de l'amour qui va entraîner l'autonomie de la cruauté. De celle-ci, Samuel fait un usage immodéré dans ses relations avec les femmes et la met au service de ses manœuvres de séducteur envers celles qu'il convoite. Il se pique de posséder « la science de diriger sa passion et celle de la personne aimée », l'amour étant « chez lui moins une affaire des sens que du raisonnement ». Pour conquérir la Fanfarlo, il déploie un stratagème impitoyable qui consiste à l'éreinter « hebdomadairement » en faisant la critique journalistique de ses apparitions sur scène, jusqu'à ce qu'elle cherche à rencontrer ce « monstre » à la « tactique abominable ».

« L'entente profonde de la vie sensuelle » qui se noue entre eux, à partir des « idées sur la cuisine et le système d'alimentation nécessaire aux créatures d'élite », puis de leur « parfaite confraternité de goûts et de sentiments à l'endroit des ameublements et des constructions intérieures », les rend amants et aurait pu faire d'eux des amants ravis si leur férocité avait trouvé sa place dans leur rencontre, au lieu de n'avoir servi qu'à l'organisation de celle-ci. Dès que la Fanfarlo apprend de la bouche de Samuel qu'il avait promis à « une honnête femme » de se faire aimer d'elle, sa rancune suivie de sa vengeance répondent à la tromperie de Samuel. Leur amour devenu « terrible, désolant et honteux » les précipite dans une débauche de respectabilité. En ménage, la Fanfarlo « engraisse tous les jours », fait des enfants et s'apparente à « une espèce de lorette ministérielle », avec des « airs de chanoinesse », tandis que Samuel « a mis bas quatre livres de science », fonde « un journal socialiste » et veut « se mettre à la politique ».

La « force absolutrice de Valmont » n'a plus cours en ce XIXe siècle où « l'énergie du mal a baissé », l'énergie *singulière* du mal déployée dans le jeu amoureux ; réinvestie dans les groupes, massifiée, cette énergie destructrice aura au XXe siècle de beaux jours devant elle. Le *ratage* de Samuel repose sur l'opposition de l'honnête femme à la courtisane, et la condamnation de l'une au nom de l'autre. Libertin de comédie pour avoir préservé son idéalisation de la femme, Samuel se condamne en retour à l'enfer froid de la conjugalité revancharde, faute d'avoir méconnu la féminité créatrice de la Fanfarlo, dont le narrateur de cette nouvelle ne manque pas d'apporter les multiples preuves en détaillant sa beauté et son goût. Le paradoxe de Samuel tient à ce qu'il est le dernier à les ignorer, mais qu'il reste par-dessus tout attaché à l'objet d'amour maternel personnifié par Mme de Cosmelly. Pourtant, il sait qu'il a été « joué » par cette épouse rusée qui à la fois regagne l'attention de son mari et se débarrasse d'un séducteur « absorbant » en jetant Samuel dans les bras de la Fanfarlo.

En fils averti, Baudelaire n'est dupe ni de la pureté maternelle ni de la corruption féminine, et il affirme la nécessité d'échapper au piège de la mère-vierge ou de la femme-courtisane, avers et revers d'une même femme idéalisée et statufiée. Déjouer ce piège fatal, c'est se tourner vers l'étrangère ou la « femme sauvage », celle qui lui échappe car elle ne lui appartient pas, celle qui passe comme « les merveilleux nuages » et dont il sera l'hôte du « pays qui [lui] ressemble ». La recherche de *l'inconnue* explique sa passion « unique » et « primitive » des images, c'est-à-dire des apparitions – des épiphanies – du féminin, comme cette « passante » d'une « fugitive beauté », symbole de l'alliance entre l'« éclair » et la « nuit », mais aussi de son hésitation entre « la douceur qui fascine et le plaisir qui tue », entre l'enveloppe du corps accordée à l'œil et la nudité de la chair révélée au toucher.

Le triomphe d'une « grue »

Une pensée de Diderot citée par Baudelaire surplombe *La Fanfarlo* : « L'incrédulité est quelquefois le vice d'un sot, et la crédulité le défaut d'un homme d'esprit. L'homme d'esprit voit loin dans l'immensité des possibles. Le sot ne voit guère de possible que ce qui est. C'est là peut-être ce qui rend l'un pusillanime et l'autre téméraire. » Crédulité et imagination ici conjointes expliqueraient la conduite absurde de Samuel Cramer qui croyait « comme homme, à ses propres passions », mais qui oubliait d'ouvrir les yeux sur ce nerf de l'amour que la dissection baudelairienne n'a cessé de dégager : « la liaison intime de la férocité et de l'amour ». « Liaison intime » qui a d'autant plus de valeur qu'elle seule permet d'échapper à ce jeu de miroirs et de dupes où l'amour va s'échouer trop souvent.

Le leurre narcissique et la confusion du désir entre soi et l'autre qu'il entraîne, c'est ce que débusque Diderot dans l'épisode du marquis des Arcis et de Mme de La Pommeraye, ce petit précis sur l'amour logé au cœur de son roman *Jacques le Fataliste*. La relation des amours de Jacques est constamment différée par tout ce qui vient l'interrompre, mais ces interruptions font surgir d'autres intrigues amoureuses, comme si l'amour n'était jamais à la place qu'on lui assigne.

Une nuit, à l'auberge, l'hôtesse raconte à Jacques et à son maître une vengeance amoureuse dont Baudelaire a pu s'inspirer, car ici une honnête femme punit la trahison d'un homme en l'attachant à une courtisane. Mme de La Pommeraye cherche à « se venger d'une manière cruelle, d'une manière à effrayer tous ceux qui seraient tentés à l'avenir de séduire et de tromper une honnête femme », en déchaînant une cruauté que rien ne lie plus à la tendresse et à la sensualité éprouvées pour le marquis. Par un habile stratagème, elle le mènera à désirer jusqu'à l'obsession une jeune prostituée, la d'Aisnon, qu'elle fera passer, avec la complicité de cette dernière, pour la plus dévote des vierges. Plus l'interdit est grand, plus le désir s'enflamme, et le marquis tombera dans le panneau quand il n'aura d'autre recours que le mariage pour posséder la « créature angélique », *sans prix*, dont sa crédulité et son imagination se sont entichées.

Telle la marquise de Merteuil déclarant la guerre à Valmont, une fois les noces conclues, Mme de La Pommeraye écrit un billet au marquis afin de lui découvrir combien il a été joué : « Marquis, lui dit-elle, apprenez à me connaître. Si les autres femmes s'estimaient assez pour éprouver mon ressentiment, vos semblables seraient moins communs. Vous aviez acquis une honnête femme que vous n'avez pas su conserver ; cette femme, c'est moi ; elle s'est vengée en vous faisant épouser une digne de vous. »

Or, une quinzaine de jours plus tard, le temps pour le marquis de fuir et de s'épargner un crime en se vengeant de l'infamie sur sa jeune épousée, celle-ci se présente devant lui à son retour, repentante et dans le plus grand désordre émotionnel. « Tant de filles honnêtes sont devenues de malhonnêtes femmes, que peut-être serai-je un exemple contraire » sera le thème de sa déchirante aria ; le plaidoyer de cette femme « au sale métier » frémit d'amour. De son côté, le marquis est parvenu à reprendre ses esprits : la blessure qui lui a été infligée par Mme de La Pommeraye, il en aura l'usage pour ressentir envers sa femme une tendresse qui lui faisait défaut. Mettant sa haine au service de son amour, il pardonne et se félicite même du « grand service » rendu par Mme de La Pommeraye. Non content de posséder le corps de la d'Aisnon qu'il désirait si fort, il goûte à sa chair et accède à cette conjonction amoureuse que la conteuse, après avoir régalé ses hôtes de vins fins et de bons mots, énonce avec verdeur : « Tant y a que c'est une excellente femme ; que son mari est avec elle content comme un roi, et qu'il ne la troquerait pas contre une autre. »

Voici une épouse qui confirme le propos de Freud dans les *Trois Essais sur la théorie sexuelle* : « Si l'on considère le nombre immense de femmes prostituées et de celles à qui il faut accorder des aptitudes à la prostitution bien qu'elles aient échappé au métier, il devient impossible de ne pas reconnaître dans l'égale prédisposition à toutes les perversions un trait universellement humain et originel. » Freud jette ici une bombe au milieu des considérations hypocrites de « la morale sexuelle civilisée » : la reconnaissance des « aptitudes à la prostitution » chez les femmes témoignant de la « prédisposition » des êtres humains à toutes les perversions, *à condition d'échapper au métier*, c'est-à-dire de ne pas en faire commerce, de ne pas consacrer le désir à leur assouvissement, mais de les employer au service de l'amour sexuel. Dans le même ordre d'idées, comme Picasso a voulu le faire entendre, un homme acceptant les potentialités homosexuelles qui l'animent est mieux à même d'aimer une femme que celui qui les refoule.

La d'Aisnon est le type même de la femme qui, ayant renoncé au « métier », va faire bénéficier de sa virtuosité amoureuse l'homme de son choix. L'étrangeté de ses « aptitudes à la prostitution » ne s'éteint pas dans la familiarité du couple légitime. Autour de la prostituée pivote l'étendue du champ féminin, et pour Diderot comme pour Baudelaire la prostituée participe de la vraie femme. La prostitution est le centre inadmissible d'un cercle dont seule la circonférence d'une féminité épanouie dévoile la nécessité invisible.

Le film de Robert Bresson *Les Dames du bois de Boulogne*, adaptation de cet épisode, renchérit sur la démonstration de Diderot, car il met en images les enjeux du combat entre l'amour déçu d'Hélène (Mme de La Pommeraye) et l'amour contrarié d'Agnès (Mlle d'Aisnon) pour un même homme, Jean (le marquis des Arcis). La première, interprétée par Maria Casarès, est une femme du monde admirable, un corps parfait qui provoque le désir de Jean et bientôt son extinction. Sa vengeance consiste à faire miroiter aux yeux de Jean le corps inaccessible de la seconde. Cette dernière, si bien accordée au jeu d'Elina Labourdette, expose les tourments d'un corps prisonnier de la séduction à laquelle les regards des hommes la réduisent. Danseuse de talent sans autre emploi qu'un numéro dans un cabaret interlope, elle va servir les fins d'Hélène qui la soustrait à sa condition. Comme chez Diderot, elle entretient une mère ambiguë, à la fois affectueuse et entremetteuse, qui vit des charmes de sa fille. Agnès, piégée par Hélène qui se sert d'elle pour perdre Jean, dont l'acteur Paul Bernard accentue l'aveuglement, n'aura d'issue que dans la mort.

Fille interdite pour lui seul alors qu'elle est disponible pour tous, une fois devenue la femme de Jean par les soins d'Hélène qui s'empresse d'apprendre à ce dernier son mariage « avec une grue », Agnès veut mourir. Dans la dernière séquence du film, elle déclare à Jean : « Je vous aimais, c'est ma seule excuse. » Cet aveu arraché à sa chair, quand son corps se débat avec les atteintes du mal qui l'emporte, enflamme l'amour de Jean qui, du sommet de son désir, a été précipité dans le plus profond dégoût. Au chevet d'Agnès, leurs deux visages présentés en gros plan, Jean, qui avait dans son ignorance antérieure rapporté à Hélène combien « le visage d'Agnès est dans [sa] poitrine comme une blessure », cherche à rappeler Agnès à la vie : « Tu es ma femme, Agnès, je t'aime. Reste avec moi… C'est un ordre que je te donne. Tu ne peux pas me désobéir. Reste… reste avec moi… Reste. »

L'ambition de Bresson, tout au long de son film, c'est de représenter les mouvements intérieurs des êtres à travers les rapports qu'ils entretiennent entre eux, comme avec les objets qu'ils touchent et le décor où ils évoluent. Il veut faire apparaître la naissance d'une femme dans une grue grâce à l'amour, le passage de l'une à l'autre, qui est aussi bien le passage d'un corps trop apparemment permis (ou trop faussement interdit) à ce corps illuminé par sa chair qui ne tient plus qu'au fil ténu d'une voix : « Je reste » sera la réplique finale d'Agnès. Danseuse au bord de l'abîme, allégée de la pesanteur de son corps, en cet instant elle se dépouille de cette familiarité dont les regards de ses clients l'ont enveloppée et se révèle dans l'étrangeté d'une nudité qui ne recule pas devant la mort pour se montrer.

L'étrangère ou le dandy

Parmi les fragments de ses journaux intimes, deux d'entre eux apportent encore un peu plus de lumière sur le retentissement du féminin dans la vie de Baudelaire et les conflits que les femmes y suscitent. *Mon Cœur mis à nu* (III) contient le premier, en forme de syllogisme cruel :

> « La femme est le contraire du dandy.
> Donc elle doit faire horreur.
> La femme a faim et elle veut manger. Soif, et elle veut boire.
> Elle est en rut et elle veut être foutue.
> Le beau mérite !
> La femme est *naturelle*, c'est-à-dire abominable.
> Aussi est-elle toujours vulgaire, c'est-à-dire le contraire du dandy. »

Si le dandy est la figure initiale de l'idéal baudelairien, « l'astre » froid au-dehors mais de feu en dedans, dont l'activité principale est l'amour de soi, il correspond bien à ces êtres « au narcissisme conséquent » dont Freud prétend dans « Pour introduire le narcissisme » qu'« ils savent [le] montrer en tenant à distance de leur moi tout ce qui le diminuerait ». Proche à cet égard de la femme assurée de sa féminité et de ses charmes, le dandy est possédé par ce culte de lui-même qui lui épargne toute demande amoureuse à l'autre : il est celui qui « doit aspirer à être sublime sans interruption ; il doit vivre et dormir devant un miroir ». La surestimation narcissique qui le caractérise le conduit aussi à rechercher la distinction, par le soin qu'il apporte à sa toilette comme à l'élégance de ses manières. « Ces êtres privilégiés en qui le joli et le redoutable se confondent si mystérieusement », écrit Baudelaire dans *Le Peintre de la vie moderne*, ressemblent aux femmes qui se parent, s'habillent et se maquillent, celles qui loin d'*être nature* mettent en scène leur féminité. D'où son refus de la femme qui se contente de ce que la nature lui a octroyé et qui ne recherche pas l'artifice pour s'en corriger.

Dans la même étude, Baudelaire précise sa pensée : « La femme est bien dans son droit, et même elle accomplit une espèce de devoir en s'appliquant à paraître magique et surnaturelle ; il faut qu'elle étonne, qu'elle charme ; idole, elle doit se dorer pour être adorée. Elle doit donc emprunter à tous les arts les moyens de s'élever au-dessus de la nature pour mieux subjuguer les cœurs et frapper les esprits. » Autant la femme naturelle est le contraire du dandy, autant la femme embellie « par toutes les pompes artificielles » est son *semblable*, son *frère*, mais sûrement pas son autre. En somme, le dandy s'afficherait comme un être *hypersexué*, s'appropriant les emblèmes du féminin, au mieux pour en connaître la puissance, au pire pour s'en protéger et s'éviter d'aller à sa rencontre.

Une illustration de l'impasse à laquelle se heurte le dandy baudelairien est proposée par le roman d'Oscar Wilde *Le Portrait de Dorian Gray*. Son héros vit effectivement devant son miroir, cette peinture de lui-même, qui va s'altérer à sa place et se charger de la laideur creusée par ses vices. Lui, Dorian Gray, demeure dans une jeunesse immaculée et immuable ; il présente un corps d'apparence toujours séduisante au fil d'un temps qui ne mord pas sur lui. Mais cette enveloppe corporelle que rien n'atteint ni ne trouble repose sur un clivage entre le dedans et le dehors. Son corps n'est plus qu'un décor, tandis que sa chair est enclose dans la matière des couleurs et de l'huile du portrait, voué à porter les stigmates de la déchéance du modèle. La visibilité illimitée de l'artifice a éclipsé l'alternance du visible et de l'invisible dont l'image du corps est porteuse, le corps mortel visible a supplanté le corps charnel invisible.

Le deuxième fragment annoncé des journaux intimes de Baudelaire est extrait de *Fusées* (V) : « Nous aimons les femmes à proportion qu'elles nous sont plus étrangères. » Cette femme devenue l'étrangère est en effet l'issue promise, jamais conquise, au tête-à-tête de Baudelaire avec sa mère et ses succédanés, la vierge et la putain, c'est le but de sa tentative pour échapper à ce que Freud pointe chez l'homme comme « le plus général des rabaissements de la vie amoureuse ». Elle est aussi celle qui le délivre de ce tête-à-tête avec lui-même auquel la posture du dandy le contraint. Cette étrangère qui surgit du rejet de la vierge et de l'insatisfaction de la putain, c'est elle la fin du voyage auquel, par deux fois dans ses poèmes en prose et en vers, Baudelaire invite son lecteur. Ses deux « invitation[s] au voyage » énumèrent « la splendeur orientale » de ce lieu féminin où chatoient ces pierres précieuses enfouies dans l'amour : « luxe, calme et volupté ». L'étendue du lieu est déployée dans le poème en prose « Un hémisphère dans une chevelure », tel un nouveau monde pour tous les sens du voyageur, manne offerte à son cœur comme à son corps, qui se mordille, se caresse et se respire.

Pareils aux facettes d'un cristal, la plupart des poèmes des *Fleurs du mal* sont tournés vers elle, l'étrangère qui engendre cette poursuite amoureuse ; ses griffes de félin, le dictame de sa salive et les parfums de sa chevelure préludent à l'entente des corps. Mais comment ignorer la minceur de l'écart qui sépare l'étrangère au bout du voyage et la pénultième au seuil de la mort ?

L'outre-mer

La mort guette, le pays où « il faut aller vivre » est aussi celui où « il faut aller mourir » et ce lieu du féminin où se rencontre l'étrangère ne s'atteint que sous la houlette de la mort, « le vieux capitaine ». Celle-ci ne manque pas de prélever son écot sur les amants.

Un homme, Bataille, s'est risqué dans ces parages, il en a tenu le journal : un livre au titre limpide, *Le Coupable*, relate son expérience, « ce livre est violemment dominé par les larmes, il est violemment dominé par la mort ». La séparation introduite par la mort brutale de son amante, Laure, ne se contente pas de les dérober l'un à l'autre, elle ajoute une brèche supplémentaire à celles qu'ils se sont ingéniés à pratiquer dans « les murs de prison qui enferment chaque personne ». Elle surenchérit aussi sur le long dérèglement des conventions amoureuses auquel ils se sont prêtés : « Mais jamais les liens trop étroits ont-ils été plus brisés que par Laure : la douleur, l'épouvante, les larmes, le délire, l'orgie, la fièvre puis la mort sont le pain quotidien que Laure a partagé avec moi et ce pain me laisse le souvenir d'une douceur redoutable mais immense ; c'était la forme que prenait un amour avide d'excéder les limites des choses. » Laure autorisera Bataille à déclarer : « Celui qui aime au-delà de la tombe a le droit de délivrer en lui l'amour de ses limites humaines. »

Colette Peignot, dite Laure, aura été cette femme, rebelle et sensuelle, cette « femme-guide » pour Bataille le conduisant par amour plus loin qu'il n'imaginait se rendre, elle qui écrivait dans « Le sacré » : « Cette permanence de la menace de mort est l'absolu enivrant qu'emporte la vie, la soulève hors d'elle-même, projette au-dehors le fond de moi-même comme une éruption de volcan, une chute de météore. » L'ivresse du rire devant la mort, la robe qui se soulève sur la nudité, l'éruption volcanique qui pulvérise le moi sont les instants partagés de cette destinée à deux : l'amour convie là ses fidèles « à l'attente de *ce qu'ils ne sont pas* ».

Mettant leurs pas dans ceux de Sade, jadis accompagné de sa belle-sœur et maîtresse, la chanoinesse Anne-Prospère de Launay, ils effectuent en 1937 un voyage en Italie et l'ascension de l'Etna aura pour tous deux « un sens extrême » ; ils éprouvent là ce désarroi que l'amour provoque chez ceux que sa lumière éblouit : « C'est le moment de déchirement où nous sommes penchés sur la blessure béante, sur la fêlure de l'astre où nous respirions. » Gravir ces pentes revient à gravir la pente d'une montagne sacrée, comme en décrivent les mystiques d'Orient ou d'Occident, Jean de la Croix ou Ibn 'Arabî, et à contempler en soi, comme en un miroir, « l'horrible instabilité des choses » que la mort réserve aux amants. Quand le désir en eux est devenu celui de l'impossible, comment éviter d'en mourir, comment en revenir, une fois entrés dans ce monde d'opulence exorbitante où « la folie, l'ascèse, la haine, l'angoisse et la domination de la peur sont nécessaires et l'amour doit être si grand que la mort au seuil paraîtrait risible » ?

Le 7 novembre 1938, Laure s'éteint à trente-cinq ans ; Bataille se souvient que peu de temps auparavant, « Laure vit à Épernon les derniers films de sa vie : on donnait le *Voyage sans retour*, elle ne le connaissait pas ». Le monde d'images dans lequel ils étaient entrés « ne tenait pas moins du désastre que du rêve ».

Laure emportée par le désastre, Bataille fait plus tard un rêve où il se trouvait « sur les pentes d'un vaste volcan semblable à l'Etna ». Menacé par « une lente coulée de feu », il croit être perdu jusqu'à ce qu'il se réfugie dans une grotte où l'accueille un personnage « d'une stature immense et d'une sérénité qui faisaient peur ». Dans la relation de son rêve, à la fin du chapitre VI, « Inachevable », du *Coupable*, Bataille écrit ceci : « Devant ce personnage de pierre qu'enivrait une lumière lunaire, intérieure, émanant de lui, dans un mouvement de désespoir et dans la certitude de partager l'hilarité mortelle qui l'animait, je trouvai, en tremblant, le pouvoir de *me reconnaître*, et de rire. »

Il n'est pas inutile de rappeler que le film de Tay Garnett *One way passage* ou *Voyage sans retour* (1932) est l'histoire d'un amour insensé, pendant une traversée maritime entre Shanghai et San Francisco, entre un aventurier condamné à mort et une femme atteinte d'un mal incurable. À l'heure dite du rendez-vous à terre qu'ils se sont donné dans un bar, où ils n'arriveront jamais vivants, deux verres se brisent sans raison.

L'atteinte du féminin en soi

Trouver le pouvoir de se reconnaître et d'en rire, serait-ce pour l'homme, comme le souhaite Bataille, le résultat du voyage auquel la femme l'invite ? Et de quelle reconnaissance s'agirait-il ? Le poète Pierre Jean Jouve affronte cette question dans l'un des récits de *La Scène capitale*, dont le titre est emprunté à Baudelaire, « Dans les années profondes ». Ce dernier, par deux fois, a eu recours à cette expression dans *Fusées* (XV). Ici comme là, le poète évoque des situations solitaires très familières, avec une amante ou dans la foule. D'une part : « À travers la noirceur de la nuit, il avait regardé derrière lui dans les années profondes, puis il s'était jeté dans les bras de sa coupable amie pour y retrouver le pardon qu'il lui accordait. » D'autre part : « Perdu dans ce vilain monde, coudoyé par les foules, je suis comme un homme lassé dont l'œil ne voit en arrière, dans les années profondes, que désabusement et amertume, et devant lui qu'un orage où rien de neuf n'est contenu, ni enseignement, ni douleur. » Ce *regard en arrière* du poète, qu'il jette entre les bras de « sa chère et toujours attirante maîtresse » ou dans l'anonymat de la foule, semble viser une révélation ancienne difficile à soutenir – un « pardon », mais lequel ? –, le secret « douloureux » qui dans « La Vie antérieure » le faisait « languir ». Là-bas, *dans les années profondes*, du « neuf », du « *nouveau* » auraient été contenus, mais happés par la course du temps, ces mystères demeurent hors d'atteinte.

Le récit de Jouve, comme il l'indique dans son « journal sans date », *En miroir*, « entraîne toute une remémoration, car il contient le personnage d'Hélène ». Il précise qu'« Hélène est liée aux parties les plus secrètes de [son] sentiment, à plusieurs amours de [sa] vie, dont l'un au moins eut une fin tragique. Elle fut composée avec trois figures de femmes éloignées l'une de l'autre ». Cette triade amoureuse, dont Jouve, grâce à ses liens avec la psychanalyse, n'ignore pas l'enracinement dans le personnage maternel, Hélène la magnifie ; avec elle, le jeune héros, Léonide, surmonte « le respect pour la femme » et se familiarise avec « la représentation de l'inceste ». Mais le prix à payer pour ce passage à l'âge d'homme, c'est la mort d'Hélène pendant l'amour, même si à cette mort est attachée la promesse de sa résurrection, grâce à l'écriture qu'elle féconde chez l'auteur du récit.

La première rencontre d'Hélène de Sannis mêle aux yeux de Léonide « une beauté de statue » à « l'extraordinaire » d'une « chevelure, à la fois pleine comme un nid de serpents et mousseuse ou rayonnante comme du soleil ; dont la couleur était entre le violet, le blond et le rouge éteint, par reflets, et dans l'ensemble d'un ton indéfinissable et chaud de cendre ». Cette chevelure correspond à un « lieu [...] bien plus vaste que le pays de ces montagnes », celles de Soglio dans le val Bregaglia. Elle désigne, avec la majuscule que Jouve lui accorde, le « Pays d'Hélène », titre d'un poème du recueil *Matière céleste*. La « matière féminine » qui compose cette chevelure est le « signe » et l'« *aimant* pour attirer vers des jouissances de l'âme, ou du corps, jamais soupçonnées ». Pays ouvert et matière trouvée par celui qui ose plonger dans « l'abîme [...] du plaisir mélangé à la mort ». Ce n'est donc pas aux enfers que le féminin attend le poète et le doute qui hante le regard d'Orphée n'est plus de mise quand il s'agit d'aller à la rencontre de l'étrangère.

Une fois parvenu de l'autre côté du miroir – sinon l'amour se fige dans la glace du narcissisme –, Léonide découvre que la conquête d'Hélène livre accès à l'étrangère, celle qui conjoint la mère à la putain et les supplante. C'est en ouvrant la porte du rêve que Léonide discerne en Hélène l'étrangère qui consentira à être consumée par son désir. Léonide avait rêvé d'une « Femme Noire [...] la mal mariée, celle qui va mourir » et il reconnaît en elle « la prévision d'Hélène ». Mais surtout, il comprend que cette Femme Noire du rêve est « un morceau de [sa] chair » : « *C'était moi*, le mystère même de moi, la partie qu'Hélène m'avait permis d'*épouser.* » L'étreinte d'Hélène lui accorde et lui laisse en héritage cette *chair du féminin* inscrite désormais dans la sienne. Le moi de Léonide s'accroît de la présence d'Hélène, ressuscitée et non plus statufiée. L'amour dont elle le rend capable bouscule ses défenses et, le jetant hors de lui, ouvre la brèche de l'autre sexe en lui.

Le pouvoir de se reconnaître et de rire, c'est la possibilité donnée par une femme à l'homme qui l'a aimée de se parer de son sexe. Bataille et Jouve, infidèles au culte phallique, accèdent à la dimension amoureuse propre au féminin : une dispersion voluptueuse de l'énergie sexuelle dont rendent compte les figures de l'inachèvement et de la déchirure. La reconnaissance du féminin, du « culte de la plaie et l'amour des guenilles » pour lesquels, à l'enseigne de Baudelaire, ils se sont rendus disponibles, est attestée par la transcription de cette *chair venue d'ailleurs* qu'ils portent désormais en eux : leurs écritures exhibent ce que Mme Edwarda appelait aussi ses « guenilles », elles invitent le lecteur à les voir en lisant.

VI

Au seuil de l'inaccessible

L'oscillation du tabou de la virginité

Parmi les articles de Freud qui n'apportent pas une bonne nouvelle, il faut spécialement mentionner ceux qui constituent le triptyque de *La Psychologie de la vie amoureuse*. Tous s'organisent autour de la sincérité embarrassante de cette déclaration freudienne qui est loin d'enthousiasmer les adeptes intemporels d'une libération sexuelle : « Aussi étrange que cela paraisse, je crois que l'on devrait envisager la possibilité que quelque chose dans la nature même de la pulsion sexuelle ne soit pas favorable à la réalisation de la pleine satisfaction. » Tous s'organisent autour de la femme, plus précisément de son corps, et des trois représentations – vierge, mère et putain – qui en font d'abord un personnage *tabou*, au pouvoir redouté, pour le garçon comme pour la fille. Trois femmes en une qui rappellent le thème des Parques romaines, ces trois sœurs qui président à la naissance, au mariage et à la mort.

Dès *L'Interprétation du rêve*, Freud analyse l'un de ses rêves, celui des Parques, où « les grands besoins de la vie s'annoncent », soit la faim et l'amour. Il y retrouve le héros du premier roman lu dans sa jeunesse : « Je n'ai jamais su le nom du roman ni celui de son auteur, mais la conclusion est encore vivace dans mon souvenir. Le héros sombre dans la folie et ne cesse de crier les trois noms de femmes qui ont signifié dans sa vie le comble du bonheur et la calamité. » Ce rêve lui donne aussi l'occasion de présenter un découpage du corps féminin par le rêveur : les seins de sa nourrice y voisinent avec les mains de sa mère et les organes sexuels de sa femme.

Ce corps féminin du rêve freudien, ce « beau navire » baudelairien, source et réceptacle de tant d'affects qui entremêlent les câbles du besoin aux cordes du désir, aucun coupe-faim, à l'instar de la cocaïne évoquée dans les associations freudiennes, ne permet de s'en passer, alors même que chaque jour des occasions de l'aimer sont ratées. Mais le *Carpe diem* que proclame le rêve se heurte à la censure et à la morale comme aux pathologies de l'amour, au nombre desquelles l'impuissance et la frigidité rétablies par Freud dans leur causalité psychique.

Cependant, avec le troisième panneau du triptyque, daté de 1918, « Le tabou de la virginité », Freud apparaît résolument *inactuel*. Qui se soucie encore de la virginité dans la société occidentale ? À quoi pourrait-elle servir et ne mériterait-elle pas plutôt de basculer dans les oubliettes de l'histoire de la sexualité, tant la virginité a pu être utilisée pour réprimer la vie sexuelle des femmes ?

De la virginité, Freud retrace l'histoire brièvement, en montrant à grand renfort de matériel ethnologique que l'homme est passé, au fil des siècles, du danger de la défloration à l'exigence de la virginité. Renversement d'une crainte en son contraire, sur la base d'une conviction que le psychiatre Krafft-Ebing – aussi inspiré par les femmes que par les coupeurs de nattes – avait traduite en forgeant l'expression de « sujétion sexuelle ». Cette sujétion – ou cette dépendance exclusive, car *Hörigkeit* exprime aussi le servage en allemand – reposerait sur un préjugé, peu à peu justifié par l'opinion, dont Freud, non sans humour, expose le contenu avant d'en analyser l'idéologie : « Celui qui a apaisé le premier le désir amoureux de la jeune fille longtemps et péniblement retenu, et a vaincu, de ce fait, les résistances qu'avaient érigées en elle les influences de son milieu et de son éducation, celui-là établit avec elle une liaison durable qui ne pourra plus s'établir avec aucun autre homme. Sur la base de cette expérience, la femme entre dans un état de sujétion qui garantit sa possession permanente et tranquille et la rend capable de résister aux impressions nouvelles et aux tentations étrangères. » De telles considérations émises par *ces messieurs de Vienne et de Berlin* auront à coup sûr enchanté l'auteur de *Lolita*, Nabokov.

Jusqu'en 1918, la virginité aurait donc évolué vers la conception d'un « bien auquel l'homme ne doit pas renoncer » et dont la perte en dehors du mariage ferait inévitablement chuter à la bourse des échanges la valeur sexuelle de la femme – un patrimoine, ce sexe vierge, que l'argot du XIXe siècle n'hésite pas à considérer comme son *petit capital*. Entamé par n'importe qui, privé de ce cachet qui authentifierait sa pureté, le corps féminin ne serait plus sincère et véritable, il ne s'offrirait plus comme intact. De nos jours, la virginité paraît au contraire dévalorisée, au point d'être envisagée comme un fardeau dont il s'agit pour la fille de se débarrasser aussi vite que possible, afin de se soumettre à l'injonction de jouissance si caractéristique de notre modernité et d'être une fille *comme les autres*.

Mais en n'accordant plus aucune valeur à la virginité, les hommes et les femmes retrouvent une situation comparable à celle qui a été longtemps attribuée aux peuples primitifs : la défloration survient par un autre, avant toute union durable. À une différence près, mais de taille : la virginité n'est plus « l'objet d'un tabou, d'un interdit qu'il faut qualifier de religieux » comme chez les primitifs. La virginité de sacrée est devenue profane, elle n'est plus réservée au futur conjoint et l'usage veut que lui soit évitée la défloration, non plus à cause d'un tabou, mais à cause d'une absence de tabou qui serait la norme d'une sexualité libérée. Et ne voit-on pas que si le mot « tabou » ne gagne plus à être accolé à la virginité, il n'en demeure pas moins actif dans l'ombre, puisque l'oscillation se maintient entre la levée du tabou par un tiers – comme dans la sexualité primitive et moderne – ou sa levée par le conjoint – comme dans la sexualité du temps de Freud et celle de cultures traditionnelles. Le tabou demeure bel et bien, ce qui varie avec le temps et les cultures c'est la façon dont il sera levé.

Freud, de son côté, rappelle que l'estimation de la virginité chez les peuples primitifs était en relation avec la raison du tabou : le premier rapport sexuel était un acte « lourd de conséquences », dans la mesure où « le sang doit y couler » et qu'il faut éviter à l'époux l'hostilité et les représailles liées à une blessure narcissique. D'où le recours au rituel de la première nuit où l'on chargeait un substitut du père – prêtre ou seigneur – de la tâche de la défloration, et de la haine en retour, afin que la « réaction archaïque d'hostilité » s'épuise avec le premier objet sexuel.

Une telle blessure est mise en rapport par Freud avec l'amour objectal de la fille pour le père et, plus originellement, avec la réactivation du « roc » sur lequel bute, selon lui, toute analyse de femme : « l'envie du pénis » liée au complexe de castration. Prendre la mesure du désir incestueux entre le père et sa fille nécessiterait d'en revenir aux romans libertins tels *Eugénie de Franval* ou *L'Éducation de Laure* écrits par Sade et Mirabeau à l'âge d'or du discours amoureux, le XVIIIe siècle français. Quant à l'envie de posséder un pénis, ne doit-on pas y ajouter aussi l'envie liée au fantasme du pénis maternel ?

L'hymen, bien ou déchet

Aujourd'hui, un certain nombre de femmes peuvent se considérer comme *psychiquement* « vierges », quel que soit le nombre de rapports sexuels qu'elles ont déjà connus. Il n'est pas rare d'entendre une femme qui a multiplié les rencontres s'inquiéter de ce qui n'a pas été « touché » ni « ouvert » en elle, de ce qui n'aurait trouvé ni le temps ni l'espace pour s'élaborer en elle, comme si la succession rapide des échanges sexuels s'y était opposée, comme si se prêter à l'amour l'avait empêchée de s'y abandonner.

À l'inverse, d'autres femmes peuvent considérer leur virginité volontairement perdue avant le mariage comme une perte qui aurait endommagé leur identité féminine. Est-il besoin de préciser que cette problématique de la virginité est, en France, particulièrement vive chez les jeunes filles qui se situent à la frontière de la culture laïque et de la culture musulmane ? Pour celles-ci, le prix de la virginité reste élevé, alors même que dans leur famille personne ne sait plus en parler, expliquer sa signification sinon à travers un discours autoritaire, généralement tenu par les mères, où l'honneur et les coutumes sont brandis, discours accompagné de menaces qui vont jusqu'à susciter des fantasmes de mort chez les filles : « Si je fais ça, mon père ou mon frère me tuera. » Il n'est pas non plus inutile de rappeler que les psychologues et les infirmières en milieu scolaire témoignent de plaintes de jeunes filles qui se voient contraintes, pour préserver leur virginité tout en ayant une vie sexuelle, de recourir à la sodomie. Bien sûr, la sodomie est condamnée par la loi religieuse, mais cette transgression semble moins grave que la perte de la virginité hors mariage, qui provoque chez certaines l'évocation d'une *viande avariée*. En somme, *Sodome but no more* ou comment les contradictions et les compromissions de l'amour avec l'hypocrisie morale et religieuse sont sans limite. Comment aussi les enjeux de la sexualité féminine sont rabattus sur une pratique qui, faute de choix possible, met une fille dans une posture propre à l'homosexualité masculine. Le film irano-français *Tabous* (2004) de Mitra Farahani n'hésite pas à donner la parole à un transsexuel iranien qui évoque avec beaucoup de fierté sa virginité chèrement acquise. Et dans le même ordre d'idées, une gynécologue marocaine me confiait que sur une cinquantaine de jeunes filles venues dans la semaine chercher un *certificat de virginité* en vue du mariage, seules dix étaient encore vierges.

De fait, dans la modernité européenne au milieu de laquelle tant de jeunes musulmanes vivent, la virginité paraît bien démonétisée. Ce qui ne veut pas dire que cette question de la virginité comme tabou ne se pose plus du tout dans la culture occidentale – comme le montre bien le film de Catherine Breillat *À ma sœur !* (2001) ; mais la dimension symbolique du *seuil* et de l'altérité qu'elle met en jeu fait l'objet d'un refoulement massif. Refoulement qui n'est peut-être pas sans rapport avec l'idéologie dominante et son idéal d'un *être-humain-sans-différence*. Refoulement qui se manifeste aussi par un défaut de traduction, car dans quelle langue exprimer la virginité, cette figure apparemment devenue insignifiante du discours amoureux ? Comment dire ce que ce mot recouvre et dissimule quand la plupart des adolescentes le réduisent à une chose superflue dont il faut se débarrasser au plus vite afin d'accéder à une vie sexuelle adulte ? Il n'est pas rare d'entendre une fille souffrir d'être encore vierge à seize ans et en parler dans les mêmes termes que les garçons de leur pucelage.

Loin de seulement assujettir la femme à l'homme ou de délier une « réaction archaïque d'hostilité », l'affirmation ou la négation du tabou de la virginité a des conséquences nouvelles. Son affirmation relève de prescriptions traditionnelles souvent sans aucune signification pour l'intéressée, sinon celle de l'obéissance à une norme familiale culturelle, mais sa négation concourt à généraliser l'indifférenciation sexuelle, à réduire la valeur de l'altérité pour chacun des sexes. Bien ou déchet, la virginité est ramenée à son inquiétante fascination pour les deux sexes : le marquage corporel du féminin ; quant à sa perte, elle ne parvient plus à trouver une expression culturelle, une traduction fictionnelle dans leur vie psychique respective.

Un passeport pour la terre promise

De nombreuses jeunes femmes musulmanes se souviennent des menaces paternelles et des mises en garde maternelles : leur virginité est un dû pour l'homme lors du mariage ; elles ne pourront s'acquitter de cet impôt du sang que par des subterfuges et autres arrangements matériels, afin de donner le change et apporter le jour des noces aux familles réunies la preuve de leur virginité : réfection de l'hymen, drap ou chemise de nuit tachée avec le sang d'une blessure pratiquée à n'importe quel autre endroit du corps, parfois même avec le sang d'un conjoint empressé de se dévouer.

La virginité serait le *passeport* qui autorise la fille musulmane à entrer dans la terre promise de la sexualité harmonieuse et légitime. Cette virginité ne lui appartient pas, c'est en elle une garantie donnée par sa mère à son futur mari et, par-delà, à sa mère à lui. Mais une telle garantie est frappée du sceau paternel, elle est la marque du père sur le corps de sa fille. Son corps n'est donc pas à elle seule – naguère, en 1968, la revendication « Mon corps m'appartient » était le mot d'ordre des organisations féministes ; pire, ce corps n'est-il pas déjà coupable en tant que féminin ?

Un tel corps est vécu comme une provocation vivante ; elle est reconduite à sa problématique incestueuse dans le roman de Karima Berger *La Chair et le Rôdeur* : « Comme cette robe de couleur jaune, écrit-elle, que je portais pour la première fois, j'avais seize ans. Il [son père] la jugea trop courte. Et de couleur trop vive. "Du miel étalé sur ta peau", dit-il. Tranquillement il jura de la déchirer, une colère froide qui lui faisait goûter par avance le geste qu'il allait accomplir ; le soir même, pris d'un remords – la robe avait coûté cher mais il avait juré devant Dieu et ne pouvait se dédire –, il adoucit sa sanction en ne taillant qu'un petit morceau pris dans une des coutures intérieures, la couture la plus cachée, la plus dérobée qu'il rechercha sous mes yeux effarés. Je ne portais plus cette robe désormais qu'en tremblant, mais l'entaille paternelle me protégeait. »

Certaines iront jusqu'à se considérer déchues et exclues d'une vie amoureuse normale pour avoir transgressé ce tabou, le sexe devenant l'adversaire irréconciliable de l'amour. Elles doivent répondre dans leur chair d'une membrane qui vaut bien plus que sa corporalité. Elles semblent convaincues que la virginité est un rempart contre leur représentation du corps féminin comme impur, une impureté manifestée par ce qui sort de ses orifices. Coupé de toute parole, de toute fiction, leur sexe peut leur apparaître comme un trou qui doit être bouché. De fait, si être femme c'est être vierge puis mère, il est clair que la représentation fantasmatique intolérable sous-jacente, *c'est celle du sexe comme trou* : soit ce trou est couvert par l'hymen et garanti par le nom paternel, soit il est comblé par l'enfant, sous couvert du nom de l'époux. Il ne serait pas supportable qu'il y ait un trou en dehors de la loi – représentée par le père ou le mari –, sous peine d'entraîner le corps dans une désymbolisation.

Comment penser tout cela ? La représentation musulmane de la virginité semble liée au *monogramme du père scellé par la mère sur le corps de la jeune fille*. À partir de quoi celle-ci devrait se considérer porteuse d'un bien se transmettant de mère en fille, véritable *bijou de famille* autour duquel *cristalliserait* le féminin. Si la perte de ce bijou équivaut à la perte du féminin, reste un corps désubjectivé ; réduit à son fonctionnement organique, il ne fait plus sens, toute culpabilité s'y trouve morbidement convertie en haine de soi. On ne saurait non plus négliger le lien entre virginité et maternité, une virginité donnant droit à une maternité qui, dans le fantasme, n'introduirait pas la mort en même temps que la vie.

La valeur du mythe virginal

Qu'est-ce que la Vierge Marie, célébrée par les chrétiens et révérée par les musulmans ? Scandaleuse figure de la maternité, c'est cette femme juive qui sans cesser d'être vierge donne la vie à son fils, Jésus, par l'opération de l'Esprit Saint. Elle est exceptionnelle dans la mesure où Bienheureuse Vierge Mère, elle est l'unique femme à donner la vie par-delà la mort, grâce au flux de la parole divine dans son corps. Le sexe de la Vierge s'ouvre au désir divin pour laisser passer du dedans vers le dehors l'enfant miraculeux. Son sexe peut rester fermé à toute pénétration, il n'en est pas moins ouvert au souffle divin.

Sa nécessité comme sa légitimité dans l'économie chrétienne reposent sur la théologie de l'Incarnation du Fils de Dieu. Mais que dire de l'islam, qui ne reconnaît Jésus que comme un prophète à part, soit un homme naissant d'une vierge fécondée par la parole divine transmise par l'ange Gabriel ? Pourquoi la troisième religion monothéiste reprend-elle à son compte l'incroyable aventure mariale ? Seule femme nommée dans le Coran – la sourate XIX porte son nom –, elle est celle qui a été « choisie de préférence à toutes les femmes de l'univers » (Cor III/42). Conformément à la coutume orientale qui, nommant le fils, rappelle le nom du père (*ben* signifie « fils de »), Jésus considéré par le Coran comme l'Esprit de Dieu, *rûh Allah*, est aussi le seul homme dont le nom est accompagné du *nom de sa mère*. Né d'une mère, sans intervention humaine, Jésus est ce fils miraculeux qui ne connaîtra même pas la mort, car au lieu d'être tué, puis ressuscité comme dans les Évangiles, il sera élevé vers Dieu, vivant en lui jusqu'à son retour au jour du Jugement.

Marie, en islam, est la personnification de ce que le philosophe Henry Corbin nomme le « Féminin-créateur » ; elle devient ainsi le paradigme de tous les spirituels, les soufis, qui donneront naissance à l'enfant mystique issu de leur relation avec le divin.

Selon l'optique coranique, l'image de Marie condense, comme dans un rêve, des traits liés à d'autres femmes de la Bible, ceux d'Agar abandonnée dans le désert avec son fils comme ceux de Marie, sœur de Moïse et Aaron. Et c'est à l'image de Marie que Muhammad, grâce au même ange Gabriel, va *concevoir* le livre saint de l'islam. Comme elle aussi, il en est rendu digne par sa « virginité », souvent typifiée dans son cas par un analphabétisme supposé : il est vierge de toute lettre avant l'inscription de la lettre coranique. Ni la virginité ni l'analphabétisme ne doivent ici être entendus littéralement, mais en tant que métaphores de la capacité pour un être humain de se rendre pur de tout ce qui n'est pas Dieu en lui.

La virginité de Marie, tout comme la stérilité de Sarah, sont donc des situations féminines ordinaires que Dieu renverse par un miracle. Ces femmes deviennent les témoins extraordinaires de la puissance divine. Là où pour les hommes la stérilité manifeste une sexualité en souffrance, faute de descendance, et où la virginité évoque une absence de sexualité, en attente d'une descendance, pour Dieu elles sont le moyen de montrer la valeur de la chair capable d'enfanter malgré les corps.

Dans l'iconographie médiévale chrétienne, c'est un animal fabuleux, la Licorne, qui symbolise la Vierge fécondée par l'action de l'Esprit. Au musée de Cluny, à Paris, la tapisserie de la Dame à la Licorne expose à la fois la sauvegarde de la virginité, puisque la corne de l'animal fabuleux est levée vers le ciel, et la fécondité liée au phallus que la corne représente, soit l'enfantement sans la défloration. Les épouses du Paradis de l'islam, les *houris*, sont de jeunes vierges qui le demeurent éternellement, « aimantes et d'égale jeunesse » (Cor LVI/37). Dans tous les cas, le mythe virginal vient pallier le fantasme morbide du trou, de la vie engendrant la mort. Ce n'est plus le cas si ce mythe se dégrade en une exigence répressive portant sur la sexualité féminine : passant dans la réalité, le fantasme n'arrive plus à être élaboré et l'angoisse de mort peut se déchaîner.

Lorsque Freud, dans « Grande est la Diane des Éphésiens » (1911), considère que la Vierge Marie se substitue à « la grande déesse [...] inviolable et hors de toute atteinte », il ne prend pas assez en compte le changement d'optique symbolique que constitue l'invention de Marie. Désormais, l'alternative ne se situe plus entre une femme trouée ou une déesse sans trou, mais entre une femme trouée ou une femme sexuée, c'est-à-dire une femme dont la virginité constitue un seuil à l'orée de son sexe ; le fantasme du sexe féminin comme un trou assorti de l'enfant bouche-trou a dès lors subi une élaboration.

Rien ne pénètre le corps sans trou de la déesse, pas même le regard d'Actéon, alors que le corps de Marie s'ouvre du dedans vers le dehors. C'est un corps qui n'est pas troué par la pénétration mais sexué par son ouverture vers l'extérieur. Avec Marie, on n'est plus du côté de ce fantasme enfantin que relève Freud et qui consiste à « faire de la mère une vierge intacte », puisqu'il s'agit de faire de la vierge une mère ouverte du dedans, une mère d'exception par qui l'éternel devient temporel. L'assimilation de Marie à Diane ne correspond pas à cet apport symbolique du monothéisme chrétien qui voit en Marie un sexe féminin s'ouvrant de l'intérieur sur une vie *pour au-delà de la mort.*

Le paradoxe de Mme Lysiane

Si, pour la culture musulmane, le sexe féminin doit être enchâssé dans la légalité d'un usage garanti par le mythe virginal, c'est afin d'assurer le passage du désir envers le père à la dualité d'une situation où la femme s'ouvre à la fois au pénis et au désir d'un homme étranger. Ne plus être vierge psychiquement, ce serait jouir du désir d'un corps étranger à l'intérieur du corps, et renoncer à l'objet incestueux pour accéder à l'objet d'amour.

On conçoit le danger d'une perte de la virginité où l'usage du sexe ne s'accompagnerait pas d'un désir pour l'homme étranger, où l'objet d'amour incestueux inaugural ne le céderait jamais à l'objet d'amour sexuel ultérieur, où ne s'effectuerait pas cette « castration symboligène », comme l'appelait Françoise Dolto, qui commande l'accès à la féminité et à l'altérité. Enfin, dans cette perspective, la perte de la virginité apparaît comme d'autant plus périlleuse qu'elle implique la faculté pour la fille de parvenir à surmonter l'abandon d'un objet d'amour incestueux – le père – qui ne manque jamais d'en cacher un autre – la mère. Double renoncement qui ne trouve pas son équivalent chez l'homme, puisque lui n'est confronté qu'à la difficile substitution d'une femme au personnage maternel.

À la charnière de deux cultures, l'une qui maintient la nécessité légale de la virginité, l'autre qui refoule sa signification, beaucoup de jeunes musulmanes ne parviennent plus à assumer leur être de désir ni leur désir d'être, faute de percevoir la portée symbolique de la virginité. Que la virginité soit représentée dans un discours empreint de religiosité comme un passeport ou dans un discours frappé de nihilisme comme une formalité sans importance revient au même, dans les deux cas c'est sa dimension symbolique et son expression fictionnelle qui sont étouffées ou ignorées. En confondant la présence ou l'absence physique de l'hymen avec le *signe* de la virginité, c'est la portée sexuelle de la virginité qui s'en trouve perdue.

Paradoxe de la capacité psychique de la virginité comme passage du trou au sexe, du corps à la chair, si bien réhabilitée par Genet dans son roman *Querelle de Brest*, avec Mme Lysiane, la patronne du bordel, quand elle s'abandonne à Robert : « En elle enfin se déchirait ce soir un voile qui n'avait jamais cédé. Elle perdrait un vrai pucelage en sacrifiant à quarante-cinq ans sa pudeur et, semblable aux autres vierges, elle osait commettre à cet instant des obscénités d'une audace inouïe. »

Ce passage rejoint le propos d'une jeune femme musulmane qui déclarait avec jubilation que, telle une *houri* du Paradis, elle se vivait comme vierge lors de chaque véritable rencontre amoureuse. Elle ne se ressentait pas porteuse d'un trou, mais d'un sexe s'ouvrant toujours pour la première fois au désir qu'elle éprouvait envers un homme. Redevenir vierge, c'était revivre un temps sexuel du féminin qui intensifiait l'amour. Elle faisait de la perte *renouvelée* de la virginité une catégorie du plaisir sexuel.

Du côté de la tradition musulmane, l'ouverture au désir est confondue avec l'ouverture du sexe, mais la virginité de la fille n'assure en rien le mari qu'il va supplanter le père dans le désir de celle-ci. Du côté de la modernité, le refoulement de la question posée par la virginité témoigne d'un rejet de la dimension métaphorique du sexe féminin au profit d'une fonctionnalité sexologique. Dans les cures, la plainte féminine attachée à la vie sexuelle, là où la libéralisation des mœurs prédomine, serait aussi en rapport avec le refoulement du désir incestueux qui n'est plus culturellement pris en charge, dès l'instant où la qualité psychique de la virginité n'est plus relevée.

Ainsi, soit la virginité est imposée, comme si l'objet d'amour sexuel n'impliquait pas un renoncement psychique à l'objet incestueux, soit la virginité est niée, comme si l'objet d'amour incestueux n'existait pas. Écraser le psychique par le physique ou nier le psychique en niant le physique revient au même. Dans les deux cas, en faisant l'économie du renoncement à l'objet incestueux, la perte de la virginité ne parvient plus à être symbolisée comme seuil psychique et sexuel de la féminité, reconnaissance du féminin comme sexué et non troué, et le *malaise dans la sexualité* s'accroît d'autant. D'un côté la réfection de l'hymen ou la contrainte de la sodomie, de l'autre l'insignifiance de la virginité participeraient du même « rabaissement » du féminin – et, au-delà, du sexuel – à l'œuvre dans la modernité, sous l'égide de la marchandisation *unisexuelle* du corps humain.

« L'être mixte » de Charlotte Corday

Dans son article sur le tabou de la virginité, la démonstration de Freud présente une autre particularité qui mérite de retenir l'attention, puisqu'elle permet de lever un peu plus un coin du voile. Son analyse aurait pu s'en tenir à une interprétation psychanalytique du matériel ethnologique et se terminer là, mais elle se poursuit en référence aux textes littéraires. Outre une comédie d'Anzengruber, *Le Venin de la pucelle*, et un conte de Schnitzler, *Le Destin du baron de Leisenborgh*, Freud prend surtout en compte la tragédie de Hebbel, *Judith et Holopherne*. À l'occasion de celle-ci, Freud constate le pouvoir d'interprétation de la fiction : « C'est intentionnellement qu'Hebbel a sexualisé le récit apocryphe de l'Ancien Testament, car dans le texte biblique Judith peut se glorifier de n'avoir pas été souillée et il n'est pas fait allusion à sa sinistre nuit de noces. Grâce à sa fine sensibilité de poète, sans doute, il a ressenti le très vieux motif qui sous-tendait le récit tendancieux et n'a fait que restituer au sujet son ancien contenu. » À suivre Freud, l'écrivain est placé dans la nécessité d'interpréter le texte biblique dans la mesure où il s'identifie à son personnage, Judith : « Une fois que le poète avait établi la virginité de son héroïne, remarque-t-il, son imagination sympathisante s'est attardée sur la réaction d'hostilité déclenchée par l'atteinte à la virginité. »

Ce matériel littéraire vient à l'appui de ce qui a déjà été avancé par Freud, mais confirme surtout que pour lui le recours à la fiction est le seul moyen d'aboutir à une pensée qui ne se sépare pas du rêve. Si ces trois textes soulignent le lien entre la défloration, la « réaction archaïque d'hostilité » et la mort violente de l'homme, outre la généalogie littéraire de l'imaginaire psychanalytique, ils témoignent de la capacité de la fiction à déployer les figures de la cruauté déliées des autres courants de l'amour.

À lire Lamartine, Marie-Anne Charlotte de Corday d'Armont a souvent été comparée à Judith à laquelle, à cause de son éducation religieuse au couvent de La Trinité à Caen, elle a bien pu s'identifier. Dans son *Histoire des Girondins*, il relève ce fait consécutif au départ de Charlotte Corday pour Paris : « Madame de Bretteville [tante de Charlotte] se souvint depuis qu'en entrant dans la chambre de Charlotte pour la réveiller, elle avait trouvé sur son lit une vieille Bible ouverte au livre de Judith, et qu'elle y avait lu ce verset souligné au crayon : "Judith sortit de la ville parée d'une merveilleuse beauté, dont le Seigneur lui avait fait don pour délivrer Israël." »

Guillotiné un an après Charlotte, en juillet 1794, le poète André Chénier osera composer un poème à sa louange, « À Charlotte Corday », où il désigne la conséquence sexuelle de son crime :

> « Seule, tu fus un homme et vengeas les humains !
> Et nous, eunuques vils, troupeau lâche et sans âme,
> Nous savons répéter quelques plaintes de femme ;
> Mais le feu pèserait à nos débiles mains. »

Or, dès l'interrogatoire à la prison de l'Abbaye après son arrestation, d'après Lamartine, la question de son identité sexuelle est posée : « Êtes-vous fille, et n'avez-vous jamais aimé d'homme ? – Jamais ! » Et Sade, intronisé secrétaire de la section des Piques, avec clairvoyance, va droit au cœur de la question en la trouvant « semblable à ces êtres mixtes auxquels on ne peut assigner aucun sexe ». De fait, vierge, Charlotte n'a pas encore été rendue femme par un homme. À Lamartine comme à Sade, elle inspire « un sentiment mixte » et, là où le premier voit en elle « l'ange de l'assassinat », le second reconnaît en elle un « monstre » « vomi par les enfers pour le désespoir [des deux sexes] ». Pour l'un elle est intouchable, pour l'autre *impossédable*.

Six jours après avoir tué Marat, « père de la Nation », revêtue de la chemise rouge des parricides, Charlotte fut guillotinée. Comment ne pas s'étonner de la logique inconsciente qui faufile tant d'événements de la Révolution française ? Le meurtre de Marat, ce faux père, perpétré par une femme seule et sans complice, est punie de mort par les fils de la horde qui hier commettaient le vrai parricide en guillotinant Louis XVI.

Lamartine raconte le chemin de la condamnée vers l'échafaud en insistant sur sa féminité : « La pluie, qui collait ses vêtements sur ses membres, dessinait sous la laine humide les gracieux contours de son corps, comme ceux d'une femme sortant du bain. Ses mains, liées derrière le dos, la forçaient à relever la tête ; cette contrainte des muscles donnait plus de fixité à son attitude et faisait ressortir les courbes de sa nature. Le soleil couchant éclairait son front de rayons semblables à une auréole. Les couleurs de ses joues, relevées par les reflets de sa chemise rouge, donnaient à son visage une splendeur dont les yeux étaient éblouis. On ne savait si c'était l'apothéose ou le supplice de la beauté qui suivait ce tumultueux cortège. » Un témoin de la scène déclarait : « On eût dit une statue tant son beau visage était calme. » Son corps a ensuite été l'objet d'un examen médical auquel, précise l'historienne Catherine Marand-Fouquet, « assistèrent deux conventionnels, David, le peintre, et Chabot, l'ex-capucin grand connaisseur de femmes. Cet examen fut pratiqué à l'hôpital de la Charité. On rechercha des "traces de libertinage". Mais il fallut constater que [Charlotte Corday] était vierge ». Quelle curiosité ou quelle crainte animaient ces hommes, que cherchaient-ils à voir là, sinon l'évidence d'un sexe féminin que le geste viril de son corps semblait contredire ? Tout comme jadis les juges de Jeanne d'Arc, voulaient-ils vérifier à cet endroit du corps l'absence d'un organe sur lequel aurait pu se fonder la mâle résolution de son action ? Ou confirmer l'évidence d'un trou dans son corps qui aurait expliqué sa dangerosité ?

Mais il n'y avait rien à voir, en dehors de cette beauté charnelle qui a tant frappé ses contemporains, au point d'obliger la Commune de Paris à faire circuler un « portrait physique et moral » rédigé par Fabre d'Églantine, où il prétendait que « cette femme qu'on a dite fort jolie n'était point jolie ». Son argumentation reposait sur la conviction assez courte que « toute femme jolie et qui se complaît à l'être tient à la vie et craint la mort ». À sa façon, il procédait à cet exercice de la tyrannie, dénoncé par le même Marat dans son ouvrage paru à Londres en 1774, *Les Chaînes de l'esclavage*, exercice qui consiste à « dénaturer les noms des choses » : « Abusez par les mots, écrivait Marat, les hommes n'ont pas horreur des choses les plus infâmes, décorées de beaux noms ; & ils ont horreur des choses les plus louables, décriées par des noms odieux. [...] En fait de politique, quelques vains sons mènent le stupide vulgaire, j'allois dire le monde entièr. Jamais aux choses leurs vrais noms. »

Charlotte n'est donc pas une jolie femme puisqu'elle ne veut pas vivre, il suffit de mentir pour la dénaturer en écrivant qu'elle est « une virago plus charnue que fraîche, sans grâce, malpropre, comme le sont presque tous les philosophes et beaux esprits femelles. Sa figure était érysipélateuse et sans lignes ». Dans la laideur qui lui est prêtée, elle en vient à ressembler à un violeur louche qui attente à l'innocence d'une victime dans son bain. Décapitée puis défigurée, ses juges forgent un mensonge sur son corps pour mieux ignorer la révolte de la chair qu'elle incarne. Il faut la déféminiser pour lui trancher la tête avec la machine à castrer, il faut a posteriori la rendre hommasse afin de bien lui faire mériter la guillotine. Entre la défiguration de Charlotte, la mutilation de la princesse de Lamballe et l'accusation d'inceste portée contre la reine Marie-Antoinette, les hommes de la Révolution ont étalé avec complaisance leur angoisse et leur haine des femmes.

Là où Marat expose un corps malade, presque éteint, décrit sans complaisance par Lamartine avec ses « cheveux gras, entouré d'un mouchoir sale, le front fuyant, les yeux effrontés, les pommettes saillantes, la bouche immense et ricaneuse, la poitrine velue, les membres grêles, la peau livide », Charlotte manifeste l'éclat d'une chair qui illumine son corps et, pour Michelet, au jour de son supplice, le 19 juillet 1793, « les reflets de l'étoffe rouge relevaient d'une manière étrange et toute fantastique l'effet de son teint, de ses yeux ». Jusqu'au dernier instant, elle reste absolument vivante et, lorsque le bourreau Sanson – par pitié ou galanterie envers une si belle femme ? – veut lui masquer, en interposant son corps, la vue de la guillotine, elle aurait protesté et eu cette splendide réplique : « J'ai bien le droit d'être curieuse. » Elle l'aura été au point de faire effraction dans le corps masculin, de ne consentir à le *rencontrer* que de manière définitive.

Sade, contraint pour sauver sa propre tête de prononcer l'éloge funèbre de Marat, aurait pu la revendiquer comme l'une de ses héroïnes, elle si proche de Justine et qui, en recourant au meurtre, n'a pas manqué de *faire un effort pour être républicaine.* Méditant sur elle, le personnage de Sade, dans la pièce *Marat-Sade* de Peter Weiss, approche du secret de Charlotte Corday quand il déclare :

> « Perpétuellement je n'ai rêvé que de ce partenaire
> et ce fut un rêve de jalousie effrénée
> et de violentes méditations
> Marat

ces cachots du corps intérieur
sont pires que les plus profondes prisons de pierre
et tant qu'ils ne seront pas ouverts
toute votre révolte restera
un sursaut de détenus
chaque fois écrasés
par leurs propres compagnons de bagne ».

Celle qui à son procès affirmait : « J'ai tué un homme pour en sauver cent mille. J'étais républicaine bien avant la Révolution », en assassinant « l'Ami du Peuple » l'a délivré de son corps misérable, déjà putréfié par la haine. Dans *Le Musée classique du Bazar Bonne-Nouvelle*, Baudelaire, regardant le tableau de David, y voit la trace du passage de la dernière femme, la pénultième, venue à l'ultime rendez-vous : « Marat peut désormais défier l'Apollon, la Mort vient de le baiser de ses lèvres amoureuses, et il repose dans le calme de sa métamorphose. » Lui dont le mal, l'inflammation du sang, ne servait qu'à verser sans répit celui des autres, par la grâce de Charlotte, aura été élevé au rang d'une femme : avec son sang il acquitte le prix de la *virginité* qu'elle lui rend.

L'ordre fictionnel du chaos sexuel

Dans le champ arabo-musulman, le recours à la fiction afin d'atteindre les ressorts cachés du tabou de la virginité est exigé par cette somme culturelle de mythes et de croyances liés à la sexualité que constituent *Les Mille et Une Nuits*. Rappelons-nous que *Les Nuits* forment le recueil des histoires que Schahrazade raconte au roi Schahriar pour rétablir l'ordre d'une société troublée par la sexualité sauvage des épouses du roi et de son frère, le roi Schahzaman. Pour éviter l'exécution systématique de toutes les filles déflorées par le roi Schahriar qui se venge ainsi de l'infidélité de sa défunte épouse – et le dépeuplement du royaume qui ne manquera pas d'en résulter –, Schahrazade se dévoue nuit après nuit et tient en haleine le roi comme elle tient en respect le cimeterre du bourreau. À la faveur de tant de nuits passées à l'écouter, le roi accorde de nouveau sa foi à une femme et finit par épouser Schahrazade, mettant fin à ses exactions de dépeupleur.

Le prétexte de ce livre considéré comme « infini » par l'un de ses plus fins connaisseurs, Borges, c'est le chaos suscité par la sexualité. Manifesté par les débauches des deux reines, le désir féminin sans limite qui engloutit toutes les différences et se rit des interdits menace la perpétuation de la vie par l'entropie qu'il déchaîne. Mais la vengeance du roi Schahriar n'est que la contrepartie masculine d'un tel désir et passe par la mise à mort de celles par qui advient la confusion. De son point de vue, une vierge une fois déflorée est dangereuse car elle a connu le pouvoir de son sexe. Gardien de l'ordre, le roi *se dévoue* en tuant chaque femme, porteuse potentielle de désordre. Une fois de plus, la représentation du sexe féminin est celle d'un trou avide et insatiable qui doit être bouché par le sexe de l'homme ou par l'enfant, voire supprimé par la disparition du corps muni d'un tel sexe. Mais le péril engendré par une femme sera écarté par une autre femme. La guerre furieuse des sexes occasionnée par les débauches des reines sera apaisée grâce au pouvoir verbal de Schahrazade et l'inépuisable succession des histoires issues de *son histoire* – Mardrus, traducteur de la recension des contes qu'il intitule *Les Mille Nuits et Une Nuit*, médecin formé à l'université jésuite de Saint-Joseph, au Liban, et ami de Mallarmé, pouvait-il trouver un euphémisme plus subtil qu'une « histoire » pour désigner en français le sexe féminin ? À l'instar de Marie qui dans le Coran donne naissance à Jésus, la parole de Dieu, Schahrazade donne naissance à la parole humaine qui dissipe l'obscurité du crime et prévient sa répétition.

Le conte de la 720e nuit, dans la traduction de Mardrus, « L'histoire merveilleuse du miroir des vierges », vient à l'appui de l'affirmation de Freud : « On pourrait presque dire que la femme dans son entier est taboue. » Ce conte relate l'aventure du sultan Zein, jeune viveur désargenté, qui se met en quête, sur l'indication écrite de son défunt père, d'une statuette d'adolescente en diamant qu'il obtiendra de son propriétaire, le Vieillard des Trois Îles, mais seulement en échange d'une « adolescente de quinze ans, qui soit à la fois une vierge intacte et une beauté sans rivale ! ». Grand amateur de vierges luimême, le sultan Zein trouve cette demande bien facile à satisfaire car « rien n'est plus commun, dit-il, dans nos pays que les adolescentes de quinze ans à la fois vierges et belles ! ». Le Vieillard le détrompe et jette définitivement le doute dans l'esprit de Zein sur la sincérité féminine : « Et si tu penses que les adolescentes que tu as possédées étaient des vierges, tu te trompes et t'illusionnes ! Car tu ne sais pas que les femmes ont mille moyens de faire croire à leur virginité ; et elles réussissent à tromper les hommes les plus expérimentés en assauts. »

Deux questions s'imposent donc : qu'est-ce qu'une vierge et à quoi sert-elle ? Réponse : c'est une adolescente dont les « organes délicats » n'ont été ni vus ni touchés par un homme et qui vaut son pesant de diamants. Mais puisque la pénétration et la vision directe sont disqualifiées, comment reconnaître la virginité sans le témoignage des sens ? Eh bien, grâce au miroir que le Vieillard confie au sultan – le miroir, cet instrument princeps du rapport de l'humain au divin en islam, le miroir qui fait voir l'au-delà du visible –, un miroir magique qui, affirme le Vieillard, « sera plus sûr que toutes les conjectures des hommes ». Et il poursuit à l'adresse de Zein : « Or, toi, dès que tu auras vu une adolescente de quinze ans parfaitement belle et que tu croiras vierge ou qu'on te donnera comme telle, tu n'auras plus qu'à regarder dans ce miroir. Et aussitôt tu y verras apparaître l'image de l'adolescente en question. Et, toi, ne crains pas de bien examiner cette image : car la vue d'une image dans le miroir ne porte point atteinte à la virginité d'un corps, comme le fait la vue directe du corps lui-même. Or, si l'adolescente n'est pas vierge, tu le verras bien à l'examen de son *histoire* qui t'apparaîtra grossie et béante comme un abîme ; et tu verras également le miroir se ternir comme d'une buée. Mais si, au contraire, Allah veut que l'adolescente soit restée vierge, tu verras t'apparaître une histoire pas plus grosse qu'une amande décortiquée ; et le miroir se conservera clair, pur et net de toute buée ! »

L'examen par l'entremise du miroir d'innombrables vierges ou prétendues telles, tant en Égypte qu'en Syrie, va convaincre Zein de son erreur, puisque ce qu'il croyait commun est rare au point de ne trouver dans ces pays aucune vierge authentique. Quand, après bien des tribulations, il en découvre une en Irak, « il put ainsi voir, blottie au sommet des colonnes, semblable à une toute petite colombe, une miraculeuse histoire scellée du sceau intact de Soléimân [...] Et il la considéra plus attentivement, et, à la limite de la jubilation, il constata que ton histoire, ô Latifah, était en tous points semblable à une amande décortiquée. Gloire à Allah qui conserve les trésors et les réserve à ses Croyants ! ». Transi d'amour, mais fidèle aux termes du contrat, Zein cédera au Vieillard, la mort dans l'âme, l'unique vierge au monde. Or, de retour dans son palais de Bassra, le miracle aura lieu et la statuette promise ne sera autre que Latifah, la vierge livrée au Vieillard. Ce dernier, en bon génie, la lui destinait : « Ô Zein, déclare-t-il, sache que dès ta naissance je t'ai pris sous ma protection. Je devais donc assurer ton bonheur. Et je ne pouvais le faire qu'en te donnant le seul trésor qui soit inestimable. Et ce trésor, c'est cette jeune fille vierge. Car la virginité, unie à la beauté du corps et à l'excellence de l'âme, est la thériaque qui dispense de tous les remèdes et tient lieu de toutes les richesses ! » La virginité, thériaque ou dictame peut-être, mais contre quel venin ou quel abîme ?

Les yeux dessillés

Longtemps Zein n'avait vu que ce qu'il voulait voir et ce qui avait toujours été, soit la virginité comme un simulacre qui arrangeait tout le monde, jusqu'à ce qu'il comprenne quel trésor elle constitue pour les hommes et les femmes. Certes, la virginité est liée au sexe féminin, mais à ce que ce sexe dévoile dans un miroir ouvrant sur l'invisible, et non à la visibilité de l'hymen qui ne certifie rien. Ce n'est pas ce qu'on voit qui est déterminant, c'est ce qu'on voit par-delà le visible. On retrouve ici les paramètres de la vision coranique, ceux qui sont mis en œuvre à l'occasion de la grossesse de Marie, de la crucifixion de Jésus ou du palais de Salomon. Chaque fois, la famille de Marie, les témoins du supplice de Jésus ou la reine de Saba croient voir ce qu'ils voient, et ils n'en voient que le visible, à l'exclusion de l'invisible. Leur vision est bridée par l'ignorance et l'intolérance, ainsi que par l'impossibilité d'accéder à cette dimension visuelle insue qui apparaît aux *voyants*, ceux qui disposent de ce troisième œil instauré par la dernière révélation monothéiste. Le venin de l'intolérance ou l'abîme de l'ignorance bornent la vue et empêchent de voir l'invisible du visible, soit la grossesse *et* la virginité de Marie, la crucifixion *et* l'élévation de Jésus, la pièce d'eau *et* le dallage de cristal du palais de Salomon. Ce n'est pas ceci ou cela, mais *ceci et cela*, l'invisible jouxte le visible, il mène à lui si ce dernier n'y fait pas obstacle. C'est ce même fameux *et* – *und* – souligné par Wagner dans son opéra *Tristan und Isolde*, qui est l'axe autour duquel leur amour pivote du jour vers la nuit.

À s'en tenir au seul visible, l'œil ne fixe que ce qui du corps est voué à la mort et se prive de l'invisible qui seul fait voir la dimension charnelle *pour au-delà de la mort*. La virginité est du côté de l'invisible et n'est reconnue que par celui doué de ce regard capable de distinguer la vie de la chair nouée au corps, mais non prisonnière du corps.

Latifah, dont le nom signifie la beauté précieuse, subtile et sans pareille, est cette vierge exceptionnelle qui n'a jamais vu d'autre figure d'homme que celle de son père. On peut se demander si elle demeure encore vierge dès qu'elle aperçoit Zein et qu'elle s'attache à lui, mais puisqu'elle lui est finalement promise, ce point ne fait plus difficulté. La vertu de Latifah est d'être unique en son genre et porteuse de cette « histoire [...] en tous points semblable à une amande décortiquée ». La sincérité de son « histoire » attestée par le miroir est d'autant plus « scellée » et certaine qu'elle est un effet de fiction et que *se raconter une histoire* – la poursuite nuit après nuit du récit de Schahrazade – est le seul moyen de déjouer la mort : c'est toute la problématique des *Mille et Une Nuits* qui est ici *mise en abyme*. À la mort que le roi Schahriar infligeait au matin à la vierge silencieuse qu'il avait connue dans la nuit s'oppose l'entretien perpétuel dont Schahrazade déploie les mille et une facettes, *lorsque à la virginité perdue succède la parole retrouvée*, lorsque être vierge signifie être dans la proximité de l'invisible. Cet invisible que la présence d'un conte dans un autre creuse et révèle sans cesse.

L'histoire de Shahrazade – de son sexe comme *histoire* sans cesse relancée – est à la source de toutes les histoires des *Nuits* qui, déployant une parole infinie, livrent passage à l'invisible. Sa parole liée à son sexe rend au roi la profondeur de champ nécessaire pour dissiper l'éblouissement du visible et s'arracher au sexe sans parole. Dès lors, la dernière phrase du conte évoqué, juste après le rappel de la mort, la « Séparatrice inévitable » qui seule viendra interrompre l'amour de Zein et Latifah, ne permet plus d'ignorer ce que le mythe de la virginité recouvre : le seuil d'une vie qui n'est plus atteinte par la mort introduite par la sexualité, d'une vie sexuée délivrée de sa conséquence mortelle : « Gloire au Seul Vivant qui ne connaît pas la mort. »

Une fois encore, Schahrazade, en accédant au désir du roi Schahriar d'entendre une « histoire merveilleuse », fait preuve de discernement en lui apprenant que la virginité n'existe qu'en tant que fiction indispensable, afin de méditer sur les destins du corps de chair. Dans ce conte, toutes les autres adolescentes d'Arabie simulent cette précieuse virginité et témoignent de ce qu'elle est à la fois un simulacre et un trésor : le simulacre de ce qui n'existe pas *en corps*, soit l'éternité ; le trésor de ce qui est attendu par la chair, soit la résurrection. La virginité n'en demeure pas moins à la fois un fantasme et une réalité pour le corps, mais elle n'a de sens qu'en fonction de ce qui peut être élaboré par la parole et pour la chair. Dans la perspective coranique qui fonde l'alternance de l'apparent (*zâhir*) et du caché (*bâtin*) pour tout énoncé, la virginité constitue un reflet de ce que le miroir de la foi accorde au troisième œil, en lui faisant distinguer le triomphe de la vie sur la mort. Face à l'abîme du sexe féminin qui ouvre sur la mort en donnant la vie, la présence du « sceau intact de Soléimân », dont le sexe de Latifah est scellé, fait d'elle une métaphore de la pureté. Ce sceau est orné du monogramme de Salomon, le prophète ancestral de la Sagesse puisqu'il est celui qui dans le Coran fait connaître à la reine de Saba, Balkîs, les règles du visible et de l'invisible.

Pour la spiritualité musulmane, la pureté est, à l'image du Prophète Muhammad, comparable à une tablette de cire qui se prête à la dictée surnaturelle du Coran si rien ne se trouve l'entacher. Or le père de Latifah n'est pas par hasard le prince des soufis de Bagdad, soit un homme qui par sa piété, à l'instar du Prophète, s'est rendu *vierge* de ce qui n'est pas Allah, preuve supplémentaire de ce que la virginité est une qualité symbolique du féminin, qui n'est pas réservée aux seules femmes. La virginité enchâssée dans le féminin devient ici le gage de l'intimité du divin réservé au croyant, du reflet divin qui l'attend au contact du féminin : à suivre le plus grand des maîtres du soufisme au XIIIe siècle, l'Andalou Ibn 'Arabî, c'est dans les bras de la bien-aimée que la contemplation de Dieu est la plus intense. Être vierge réfère à cette trace inscrite dans le corps féminin du dédoublement de l'origine : à l'origine sexuelle du vivant correspondrait le signe virginal de son origine divine qui l'assure de cette destination retrouvée par Corbin dans la philosophie arabo-musulmane, l'*être pour au-delà de la mort*. Alors la virginité devient le signe d'un Éros qui ne serait plus blessé par la mort.

Si ce signe est confondu avec sa marque, signe chosifié rabattu sur un corps voué à mourir et non plus signe métaphorisé par son inscription dans la chair féminine, on comprend combien la perte de la virginité peut engendrer d'angoisses et de faux-semblants. Ce n'est qu'au Paradis de l'islam que la virginité des femmes est restaurée après chaque nuit d'amour. Ici-bas, l'homme et la femme sont voués à considérer la virginité comme le trait d'union entre la chair et le corps et la promesse d'un féminin qui suspendrait la malédiction de la mort dans les rapports amoureux. La virginité reste précieuse, dès l'instant où elle est éprouvée comme un rappel de l'invisible dans le visible, rappel susceptible d'assurer les passages entre l'amour humain *et* l'amour divin, de référer la visibilité du premier au sous-bassement invisible du second. Mais encore faut-il qu'elle soit maintenue et soutenue par un discours où l'oraison du cœur s'accorde à l'union des corps – tel *Le Jasmin des Fidèles d'amour* du mystique persan Rûzbehân. Alors la virginité devient un signe détaché du corps, signe avant-coureur d'une chair promise à la volupté de la vie éternelle, sinon elle se dégrade en une membrane inutile ou un bijou fétichisé.

VII

Les illuminations des Fidèles d'amour

Après le crime, tromper l'attente

Imaginez une femme paraissant étendue sur une plage, légèrement aux aguets. Allongée, elle semble attendre ou même redouter la venue de quelqu'un. C'est son visage, ses épaules, la naissance de ses seins que vous voyez. Ses cheveux auraient la raideur de son dernier bain.

Alors que sa tête se retourne vers un point en dehors du tableau, ses bras restent appuyés sur une liasse de feuillets, peut-être un magazine ou des écritures en cours. Tel un ballon glissé sous une serviette de bain, elle semble disposer d'une écritoire improvisée ; en tout cas elle s'appuie sur un objet rebondi qui redresse un peu sa posture. Approchez-vous pour voir : ce repose-tête n'est qu'un crâne.

Tout vient de basculer : cette jeune femme regarde vers l'ouvert de la toile, dans une direction opposée à celle des orbites vides de la tête de mort. Mais une symétrie dans la disposition de ces têtes fait de l'une le reflet de l'autre, à ceci près : au désir inclus dans les yeux de l'une ne correspond que la coulée de cendres logée dans l'os de l'autre.

Voici donc une peinture de Marie-Madeleine, au musée de Caen, exécutée par un peintre hollandais du XVIIe siècle, Johan Moreelse. Elle pourrait être rendue au genre dont elle est issue, ces Vanités par lesquelles le spectateur était rappelé à la précarité des biens d'ici-bas et invité à la pénitence dont la Madeleine était devenue le symbole pour l'Église catholique.

Pourtant, la pose de la jeune femme, sa chair offerte, la sensualité qui en émane viennent troubler l'interprétation courante de la pécheresse repentie. Son expression, sa vigilance seraient plutôt celles d'une amante qui pressent et guette le retour de l'aimé, l'homme ivre d'avoir nagé à longs traits. Son regard, farouche et avide, est aussi troublant que la nudité de ses épaules. La mort, les lettres mortes ne sont plus que les emblèmes de ce qu'elle a laissé derrière elle, sous elle. Sa jeunesse et sa beauté témoignent d'un désir que le peintre n'a pas esquivé, quelles qu'aient été les intentions pieuses à l'origine de l'œuvre. Le désir d'une vie sans réserve ni fin est incarné par son corps. N'ignorant pas la mort, se sachant mortel, ce corps est nimbé d'une lumière qui, selon le mot de Delacroix, laisse « voir l'exquis » de la finitude, la beauté alliée à la fragilité.

Cette peinture de la Madeleine exprime le défi d'un corps qui prend ses aises avec une tête de mort. Ses yeux cherchent un autre que vous, quelqu'un à venir, étranger au tableau. Mourir est ce qu'elle sait d'elle-même, mais elle ne s'arrête pas à cela. La mort, elle l'outrepasse. La vie qu'elle a reçue du peintre semble ne pas s'arrêter au trépas, elle surabonde et l'excède.

Son attitude dérange par la beauté qu'elle expose, le néant sur lequel elle repose et la grâce qu'elle propose. En elle convergent toutes les figures du féminin contenues dans les Écritures du monothéisme. En elle aboutit ce désir d'une chair triomphante dont le poème « Les Phares » de Baudelaire révèle la « dignité » dans l'histoire humaine, chez les peintres et les sculpteurs devenus les otages de « cet ardent sanglot qui roule d'âge en âge ». Jeux de vagues où les corps éprouvent leur épaisseur, leur opacité, leur splendeur. Marie-Madeleine, au corps d'amante, hisse le désir de la matière charnelle à la seule hauteur qui vaille, jusqu'à la mort, prix du passage vers plus qu'elle.

C'est elle naguère dont les formes désirables, sur la croix de Rops, éclipsent la dépouille du condamné à mort, c'est elle aujourd'hui, après son exécution, qui guette sa réapparition sur le rivage, là où il ira allumer « un feu de braise, avec du poisson dessus, et du pain » (Jn 21, 9).

Réinventer l'amour à partir de l'énergie du désir d'une femme et de l'ardeur d'un crime qu'elle a anticipé est un enjeu enfoui dans le christianisme qui concerne la psychanalyse. Dans la continuité du geste freudien, de son *infidélité* envers les interprétations consacrées à propos de Moïse, de cet « homme Moïse » dont Freud fait un

Égyptien, dégageant ainsi l'altérité à l'origine du judaïsme, il reste à mesurer la portée de l'amour de Marie-Madeleine dans la Passion de Jésus.

En tant que construction culturelle, « la religion monothéiste » instaurée par un « grand homme », Moïse, a permis l'instauration de la paternité, sa reconnaissance et sa valorisation, véritable « progrès dans la vie de l'esprit » dont Freud a souligné les conséquences pour l'espèce humaine dans l'ouvrage qui couronne son œuvre, *L'Homme Moïse et la Religion monothéiste*. Mais qu'est-ce que la paternité, sinon une parole et un acte d'amour – une *déclaration* – qui conduit un homme à se reconnaître père de cet enfant auquel il donne son nom ? Aucune certitude autre que celle de son désir ne l'autorise à faire une telle déclaration d'amour. L'enfant est le sien en raison de sa parole. Cette preuve d'amour est exhaussée par le monothéisme juif au rang de la relation primordiale entre l'homme et son Dieu. Elle indique le sens à donner à l'élection des juifs par Dieu, préférence divine qui sera vécue comme arbitraire par tous les autres peuples. Une distinction est établie entre l'amour attaché au corps de la mère et l'amour lié à la parole du père : l'amour apparaît sous ses deux aspects conjoints en l'amour de Dieu pour sa créature.

Le risque est grand de vouloir oublier que ce lien paternel, cette *ligature* entre le père et l'enfant, se substitue à l'acte sacrificiel du père, comme en témoigne le sacrifice suspendu d'Abraham. La parole d'amour s'élève sur fond de mise à mort, ce qui est trop vite perdu de vue.

Avec l'histoire de Jésus, l'amour connaît un approfondissement supplémentaire, car il s'agit de révéler le goût du crime au cœur même de l'amour, leur racine commune. Freud le reconnaît en faisant assassiner Moïse par son peuple, soit le sort qui échoit ensuite à Jésus. L'aveu de ce meurtre, de la nécessité de ce meurtre dans l'économie du christianisme, Bataille le suppose dans son avant-propos au *Procès de Gilles de Rais* : « Peut-être même, au fond, le christianisme est-il une exigence du crime, exigence d'une horreur dont, en un sens, il a besoin pour en être le pardon. [...] Le christianisme implique l'humanité qui porte en elle cette extrémité délirante, que seul il a permis de supporter. De même, sans l'extrême violence qui nous est donnée dans les crimes d'un sire de Rais, pourrions-nous comprendre le christianisme ? » Jésus, ce fils préféré de sa mère à l'instar du « premier poète épique », advient comme seul sucesseur du père originaire, par son pouvoir d'exprimer dans la langue et non en acte la charge érotique – l'ironie et l'horreur – contenue dans l'amour.

Dorénavant l'amour ne peut plus ignorer la poussée criminelle dont il procède : le désir de l'autre correspond aussi au désir de le tuer. Aimer sans nier cet excès qui tend à réduire l'autre au statut d'objet, c'est assumer une liaison pulsionnelle dont *l'homme Jésus* démontre la pertinence. L'amour qu'il demande exige de chacun la capacité de se confronter à la haine que lui, Jésus, suscite et qui réclame son meurtre afin de manger son corps et de boire son sang. Sans inclure cette extrémité du désir, pas d'élaboration de la cruauté ni d'abandon à l'amour.

On comprend ainsi combien la faute change de régime avec le christianisme : elle n'est plus en rapport avec la transgression de la loi, mais avec la défaillance de l'amour, cette peur qui retient d'aimer jusqu'au point de retrouver en soi ce socle de haine. Cette crainte fonctionne comme une butée qui empêche chacun d'intérioriser sa criminalité.

Le jeune homme riche qui, dans les Évangiles synoptiques (Mt 19,16-22 ; Mc 10,17-22 ; Lc 18,18-23), observe la loi et les commandements demande au « bon » Jésus ce qu'il peut faire de plus pour « être parfait » ; il reçoit deux réponses : Jésus ne se dit pas bon et lui propose de tout vendre et de le suivre. La raison lui ordonnera de ne rien en faire, puisqu'il lui est offert d'aimer sans mesure au point de mettre sa vie en péril par une dépense inconsidérée. Mais entend-il ce que Jésus lui dit par son énonciation radicale : *fais face à la haine en toi que l'amour de l'autre implique* ? Aimer l'autre jusqu'à accepter d'affronter en soi ce qui exige sa disparition, c'est exposer la prétention inadmissible de l'amour, la ligne de crête de son excès entre détruire l'autre pour rester le même ou le détruire pour mieux le garder en soi.

Soucieux de légitimer une conception religieuse du monde et d'assurer la pérennité institutionnelle des organisations fondées par eux, bien des discours dogmatiques sur les Écritures du monothéisme tentent de suturer les plaies qu'elles révèlent, de noyer sous des couches de rationalisations l'insensé ou le non-sens qu'elles véhiculent. De plus, chaque ensemble de textes d'une religion, Torah, Évangiles, Coran, a sa propre cohérence interne et chacun s'ouvre à son dépassement en liaison avec les deux autres. Les livres du judaïsme sont à l'origine, mais l'origine n'est pas en eux, ceux du christianisme dépendent des précédents et les exacerbent en allant jusqu'au bout de leur logique messianique, enfin les sourates de l'islam constituent le rappel des deux autres, mais les reflètent à la façon d'un miroir éclaté.

Dès lors, le vif d'une lecture dans le sillage de Freud consiste à débrider les plaies, à délier le sens et à décomposer les énoncés. Tel qu'il est figuré par les femmes bibliques ou coraniques, l'énigme du désir féminin est propre à soutenir cette analyse.

L'amour à deux faces

L'attente caractérise la fille vierge, et lui faire violence, c'est la toucher avant qu'elle n'y soit prête, comme le raconte Schahrazade au cours de la 339e nuit, « L'histoire prodigieuse de la ville d'airain » dans la version de Mardrus. Dans le palais de cette ville, au centre d'un oratoire dissimulé aux regards, on distingue un lit où repose « une adolescente au teint éblouissant », au pied duquel sont gravées ces paroles sur une table de marbre : « Je suis la vierge Tadmor, fille du roi des Amalécites. Cette ville est ma ville ! Toi qui as pu pénétrer jusqu'ici, voyageur, tu peux emporter tout ce qui plaît à ton désir. Mais prends garde d'oser, attiré par mes charmes et la volupté, porter sur moi une main violatrice ! » Quand un « voyageur fameux », Taleb, s'écrie que « les princesses ne s'offensent jamais de telles violences, qu'elles soient vivantes ou endormies ! » et s'approche de la princesse assoupie, il tombe mort. La vierge en sommeil jusqu'au jour du Jugement est celle qui demeure au sein de l'invisible, à l'écart de la convoitise du regard qui transforme tout en objet de désir.

La fille de joie devrait être la dernière à attendre autre chose d'un homme et à se faire des illusions sur les bons sentiments que l'amour inspire ; elle fait commerce du désir, vend son corps, achète les parures qui la rendent encore plus excitante aux yeux des hommes. Prostituée : n'est-ce pas l'image la plus commune du regard d'autrui projeté dans la chair d'une femme, l'image de la négation commune de l'autre au profit du fantasme ? Jouve, dans son « journal sans date », a voulu souligner la caractéristique féminine de cette *occupation par la multitude* : « J'avoue un attrait pour la prostituée. Le passant trouve sans doute son intérêt dans le fait qu'une passante devienne en quelques instants l'objet sexuel dont il rêve ; à la faveur de la métamorphose, il sera indulgent pour la médiocrité de l'acte. Quant à moi j'éprouve autrement la séduction d'une fille : comme un malheur, une énigme impénétrable de la sensibilité et du cœur. De quelle façon ce monstre peint et souriant est-il possible ? Quel est son regard sur lui-même ? Il y a un tel contraste entre le rôle intime qu'il supporte et renouvelle en série, et l'apparence de son caractère fermé. L'être froid, mécanique et navré, non désespéré, de cette Hortense, quelles causes le meuvent – en dehors de la cause première, l'aspiration féminine à être occupée par la multitude ? Et cet être me paraît pourtant précieux, précieux comme le dernier animal d'une société qui n'a plus rien de la nature, employé à faire jouer constamment autour de lui le drame fondamental. »

C'est bien elle, la prostituée, ce « monstre peint et souriant », qui fait jouer « le drame fondamental », celui que Jouve a défini comme le drame d'Éros blessé par la mort. Elle met à nu le ressort des choses du sexe, elle en est le signe, l'argent qu'elle reçoit n'est que la face inanimée du plaisir qu'elle dispense ; de son côté, le désir n'a aucune raison d'être assouvi, ni son regard de s'épuiser dans l'abattage. Le désir d'une putain a l'insigne possibilité de ne pas se contenter de son pouvoir sexuel ; elle, entre toutes les femmes, peut à nouveau attendre quelque chose de plus de l'amour, de l'étrangeté qu'il recouvre comme de l'inconnu qu'il abrite.

Jadis, Rahab, la putain cananéenne, qui ne livre pas les espions de Josué aux hommes du roi de Jéricho, apportait la preuve de son attente inouïe en accordant une hospitalité gratuite au nom de sa foi en un Dieu étranger, un Dieu venu d'ailleurs et qui échappe à toute représentation « dans les ciels, en haut, et sur la terre, en bas » (Jos 2,11). Après la traversée de la mer, pour entrer dans la Terre promise, c'est son seuil que les Hébreux doivent franchir. Elle est celle qui trahit son peuple et ses idoles, qui poursuit celui qui échappe à son habileté, quelqu'un hors de prix. Elle se livre à ce Dieu étranger qu'elle attend autant qu'elle-même est l'objet de toutes les attentes. Mais que lui veut-elle ? Qu'a-t-il à lui donner ? Aurait-il aussi une attente envers elle ?

Pour mieux entrer dans l'intelligence du pouvoir sexuel féminin représenté par le personnage de la prostituée – et donc de la séductrice –, il faut interroger son insistance, ses répétitions et ses métamorphoses dans les trois recueils des Écritures du monothéisme, de l'alliance du sensible et du spirituel dont, comme la vierge, elle témoigne. C'est ainsi que la figure de la Madeleine gagne à être éclairée par celle de la femme de Putiphar dans la Genèse et de sa reprise par le Coran.

Examinons dans la sourate XII la scène de Joseph et de la femme de Putiphar, celle que l'islam nomme Zolaykhâ. Cette scène, en deux parties dans le Coran (XII/23-33), révèle que l'amour humain est la *voie royale* de l'amour divin. Joseph, ce jeune homme à la « belle prestance » et au « beau visage », affirme la Genèse (Gn 39,6), aurait pensé à elle autant qu'elle pense à lui si, précise le Coran, « il n'avait pas vu la claire manifestation de son Seigneur » entre lui et elle. Quand elle cherche à se donner à lui et déclare : « Me voici à toi », il a de son côté la vision de la dimension invisible de l'objet de son désir. Cette « claire manifestation de son

Seigneur » écarte Joseph du corps de Zolaykhâ. Dans son cas, l'interdit (tromper son maître, commettre l'adultère) ne se confond pas avec l'objet de son désir pour en augmenter le prix. En se refusant, Joseph transgresse la représentation visible de son désir plutôt que l'interdit qui pèse sur lui ; il est capable de renoncer à l'aspect visible de son désir, mais c'est pour mieux accéder à la dimension invisible de celui-ci : la « claire manifestation de son Seigneur », soit l'Amour dont Zolaykhâ est la théophanie.

Cependant, Zolaykhâ ne regarde pas Joseph dans la double perspective du visible et de l'invisible ; elle ne voit que l'objet de son désir : son serviteur, et non la théophanie de son Seigneur. Elle le poursuit donc de ses assiduités jusqu'à déchirer « par-derrière » sa tunique, tout en l'accusant d'avoir voulu l'assaillir. « Ruse énorme », aussi énorme que la puissance du désir de Zolaykhâ, qui se voit confondue par la logique du visible : la tunique déchirée par-derrière ne peut l'avoir été que par celle qui poursuivait Joseph, et non l'inverse, comme le prétend Zolaykhâ en défiant cette logique qui ne l'arrange plus.

Jusqu'ici, le Coran ne s'écarte guère du mouvement du texte de la Genèse (Gn 39, 7-20), mais là où celui-ci fait porter l'accent sur le mal et le péché que Joseph perçoit dans l'invitation de la femme, la sourate souligne leur désir mutuel, accru par la puissance visionnaire de Joseph : la vision théophanique de l'Amour à travers l'aimée.

Dans la seconde partie de la scène que seul le Coran propose, Zolaykhâ invite des femmes à venir voir Joseph, des femmes qui l'accusaient d'avoir perdu l'esprit et d'être « éperdument amoureuse » de ce dernier. Elle prend soin de le faire apparaître au cours du repas et, sous l'emprise de l'émotion, ses invitées ne voient plus ce qu'elles font de leurs couteaux : « Quand elles le virent, elles le trouvèrent si beau qu'elles se firent des coupures aux mains. » Elles ne voient plus le fruit qu'elles sont en train de peler, orange ou cédrat, mais elles ne voient pas non plus Joseph, puisqu'elles s'exclament : « À Dieu ne plaise ! Celui-ci n'est pas un mortel ; ce ne peut être qu'un Ange plein de noblesse. » Elles ne regardent pas Joseph comme un homme reflétant la beauté de son Seigneur et croient voir un ange ; elles condamnent la réalité visible au nom d'un royaume invisible qui ne se voit pas dans la réalité mais seulement à travers celle-ci ; leur erreur est l'inverse de celle de Zolaykhâ. Toutes elles ne voient que l'objet de leur désir sous une forme pulsionnelle ou idéalisée, mais elles ne le voient pas tout entier, en tant qu'homme de désir illuminé par la lumière divine qui infuse en lui.

Alors, une fois de plus, le désir à la source de l'amour a partie liée avec la destruction : Zolaykhâ, ne pouvant posséder Joseph, est prête à le faire tuer, de même que les « vieillards » exigeront la lapidation de Suzanne pour l'adultère dont ils l'accusent, faute d'avoir obtenu ses faveurs. La question insiste dans la Bible comme dans le Coran : comment vivre l'absence de complémentarité entre les sexes, comment enrayer le renversement de l'amour en haine, comment l'ombre du meurtre qui accompagne l'amour peut-elle se dissiper ?

Une réponse est proposée au XIIe siècle par le plus inventif des mystiques persans, Sohravardî, grâce à une description du dispositif amoureux reposant sur la triade formée par l'amour, l'amant et l'aimé. C'est dans *Le Vade-mecum des Fidèles d'amour*, ce récit visionnaire de Sohravardî traduit par Corbin dans le recueil *L'Archange empourpré*, que l'on découvre le commentaire et l'interprétation de la sourate « Joseph ». En exposant la poursuite de la Beauté par l'Amour et la Nostalgie, respectivement typifiées par Joseph, Zolaykhâ et Jacob, Sohravardî livre son interprétation de cette sourate « Joseph » que le Coran nomme « la plus belle des histoires ». La triade formée par ces personnages bibliques et coraniques décline le processus amoureux en ses trois dimensions : la distance entre les sexes masculin et féminin, l'élan du désir envers son objet, l'accès au lieu où l'objet révèle l'infini de l'Amour divin dont il émane et qui le transfigure.

Ce cheminement amoureux est si lié aux regards des amants que deux verbes, « apparaître » et « transparaître », en révèlent la dynamique. Tant que Joseph se contente d'apparaître, il est l'ombre de cet objet insaisissable sur lequel se referme la main de Zolaykhâ. En refermant sa main sur l'étoffe de la tunique, métonymie d'une peau dont le contact lui échappe, elle n'a pas su embrasser de l'œil l'ampleur de l'amour que le corps de Joseph fait transparaître. De même, victimes de cette projection métonymique du regard, les mains des femmes s'oublient et se coupent en imaginant voir un ange au lieu d'un mortel. Éros se fait blessant dès que le toucher ou le regard, les sens de l'amour, s'emparent de la partie pour le tout et substituent un fétiche là où s'ouvre la brèche de l'amour.

Si l'amant ne convoite que l'aimée, il maintient la distance entre eux en perdant de vue l'amour ; il condamne l'aimée à n'être que l'objet de son désir et s'égare loin du site où l'un et l'autre recueillent le fruit de leur passion dans les innombrables réflexions du cristal de leur union.

Déjà, dans les pseudépigraphes de l'Ancien Testament, le roman d'amour de Joseph et de l'Égyptienne Aséneth célèbre l'union de l'ange « en tous points semblable à Joseph » et de celle qui est fille de la Repentance. Se repentir est ici défini comme l'aptitude à ne pas se confondre avec ses fautes, ses souillures et sa haine. La Repentance signifie se rendre vierge, c'est-à-dire trouver refuge dans ce lieu inaliénable à l'intérieur de chacun, qui échappe à toutes les contingences de l'existence et demeure hors d'atteinte quelle que soit la vie menée. L'amour de l'amant et de l'aimée fait apparaître la théophanie de l'Amour que chacun reflète.

En contrepoint, Ibn 'Arabî rapporte une rencontre dans la nuit de La Mecque, alors qu'il récitait des vers près de la Ka'ba ; comme dans la sourate « Joseph », une main de femme se pose sur son dos. Au contact de cette « main plus douce que la soie », il se retourne et il ne voit pas seulement Nezâm, cette fille d'un shaykh iranien « qui enchaînait les regards de quiconque la voyait ». En elle, Ibn 'Arabî voit, à travers l'image de sa forme humaine, l'image visible pour lui seul de la face du divin à lui seul réservée.

« L'aptitude visionnaire d'un Fidèle d'amour », écrit Corbin dans *L'Imagination créatrice dans le soufisme d'Ibn 'Arabî*, c'est de parvenir à « la vision spirituelle du sensible » et à « la vision sensible du spirituel », qui « est vision de l'invisible dans une forme concrète, telle que la perçoit non plus l'une des facultés sensibles, mais l'Imagination active qui est l'organe de perception théophanique ».

À l'opposé d'une tradition puritaine qui disjoint l'amour humain et l'amour divin, de nombreux mystiques musulmans invitent l'amant à reconnaître en l'aimée les deux faces d'un même amour. Ces deux faces de l'amour reconduisent et dépassent sur un plan charnel et spirituel les deux faces de l'amour et de la haine qui, sur un plan charnel et matériel, caractérisent les inclinations humaines. C'est une voie de l'amour qui s'emprunte en faisant rupture avec l'évidence du visible, en faisant brèche dans la mince cloison qui sépare le corps de la chair, en supportant l'irruption de la mort, comme les manifestations du désir de Marie-Madeleine le démontrent.

Le parfum des larmes d'une inconnue

Elles sont nombreuses, ces femmes bibliques, à éprouver du désir pour les hommes et à répondre de leurs ardeurs, si l'une d'entre elles doit justifier sa conduite. Elles sont multiples : mère abusive, veuve à répétition, prostituée, vierge folle, femme adultère, fille incestueuse, amoureuse criminelle. Mais toutes se reconnaissent porteuses d'un désir chevillé au corps, jusque dans ses errements. Toutes elles confluent vers la dernière d'entre elles, celle qui va porter à son apogée le « goût de la prostitution » logé dans l'amour, cette pécheresse inconnue que le texte de l'évangéliste Luc révèle, sans la nommer. L'inconnue s'avance dans la maison du Pharisien où Jésus mange et « se plaçant par-derrière, à ses pieds, tout en pleurs, elle se mit à lui arroser les pieds de ses larmes ; et elle les essuyait avec ses cheveux, les couvrait de baisers, les oignait de parfums » (Lc 7,38). De ce flux lacrymal qui associe la chevelure et le parfum, Picasso se souvient-il quand il peint tant de fois le portrait en larmes de son amante, Dora Maar ?

Prodigue, cette femme venue de nulle part a laissé les marques du plaisir s'inscrire en elle et reçu ces preuves de l'amour qui sont autant de gestes disposant l'ombre et la lumière sur le visage au gré du temps. C'est en proportion de cet abandon charnel, « parce qu'elle a montré beaucoup d'amour », de l'amour donné et vendu, indissolublement, qu'elle est reconnue sauvée par celui qui a fait du corps le temple de sa divinité et de la résurrection de la chair la promesse de son éternité. Il fallait qu'elle soit une fille perdue, une pécheresse pour dispenser la fine pointe de la révélation chrétienne : la faute concerne la loi humaine, mais le péché consiste à manquer de désir envers l'Amour. Elle est pécheresse devant la Loi et dans le même instant absoute par son amour au pied de l'Amour.

L'érotisme de cette inconnue ne la conduit pas à ce déchaînement d'adolescente qui enfièvre Salomé, au point de faire décapiter Jean le Baptiste pour chérir sa tête malgré lui, avant de le rejoindre dans la mort. Dès son irruption au cours du repas offert au Nazaréen, ce juif turbulent, son corps s'offre à son corps : larmes, chevelure, baisers s'enroulent autour de ses pieds, mêlent leurs sécrétions aux senteurs du parfum répandu. Une séduction intense, mais nulle feinte chez elle, sa beauté est bouleversée par celle de l'hôte de son désir. Subjuguée, elle ose une séquence amoureuse qui rappelle celle de l'ange se prosternant aux pieds de la Vierge Marie dans le tableau de Tiepolo, *L'Annonciation*, elle se soumet sans aucune servilité, figure du désir qui atteint déjà son objet en s'offrant sans réserve à l'autre.

Quand les larmes jaillissent des yeux de cette fille de petite vertu, elles viennent dissoudre les impuretés de sa vie et la libérer d'une dette envers l'amour, comme Jésus l'apprend avec humour à son hôte, Simon le Pharisien :

« Un créancier avait deux débiteurs ; l'un devait cinq cents deniers, l'autre cinquante. Comme ils n'avaient pas de quoi rembourser, il fit grâce à tous deux. Lequel des deux l'en aimera le plus ? » (Lc 7, 41-42).

Les larmes ne calculent pas, elles sont liées à l'instant. En cela, elles sont proches d'une autre substance voluptueuse, le parfum, lui aussi complice de l'instant, présent de l'occasion. Le parfum, cette épice du corps féminin, sera aussi employé dans une autre version de la scène. Là, il se mêlera aux cheveux du convive élu, offrande de prix répandue sur la victime consentante, gratuité du geste contre gratuité du don.

Les femmes et le parfum, il reviendra au Prophète de l'islam, Muhammad, de les exalter et d'y ajouter la prière, comme si celle-ci s'élevait spontanément en leur présence, lorsqu'il déclare : « Trois choses de votre monde, parmi tout ce qu'il contient de triple, me furent rendues dignes d'amour, les femmes, les parfums et la prière. » De cette dernière, émanant du contact des femmes et de leurs parfums, il atteste la nature capiteuse, son expression embaume, ce qui différencie définitivement la prière de la plainte.

Jamais mieux que dans cette scène évangélique la prière n'aura été montrée comme l'effusion d'un corps féminin, grâce à son alliance avec ces matières fluides et enivrantes que sont les larmes, la chevelure et le parfum. De son côté, Muhammad s'est-il souvenu que les larmes d'Agar, la belle concubine d'Abraham chassée au désert, ont suscité le jaillissement d'une source : « Dieu dessilla les yeux d'Agar et elle aperçut un puits » (Gn 21, 19) ? De même, dans le Coran, la Vierge Marie verra jaillir « un ruisseau à [ses] pieds » (Cor XIX/24) quand, en pleurs, elle accouche seule dans le désert.

Les deux autres évangélistes, Marc et Matthieu, donneront un autre tour à cette scène qui devient « l'onction à Béthanie », une femme versant sur la tête de Jésus « un nard pur de grand prix » (Mc 14, 3). Chacun insiste alors sur la réaction étriquée des disciples : « À quoi bon ce gaspillage de parfum ? » (Mc 14, 4 et Mt 26, 8). L'argent est perçu sous l'angle des économies nécessaires aux soins des pauvres. La femme serait en faute avec sa dépense dispendieuse, mais en manifestant le luxe de son amour, elle est la seule à ne pas rester en deçà et à s'élever à la hauteur de l'amour divin. Avec cette fois un humour noir, Jésus les reprend en rapprochant l'argent, ressource morte tant qu'elle n'est pas dépensée, de sa mort prochaine, que cette femme anticipe en parfumant son corps, lui aussi matière morte tant qu'elle n'a pas été sanctifiée par son sacrifice consenti.

À la différence des hommes confits en dévotion qui d'ordinaire entourent les fondateurs de religion et qui protestent toujours contre l'intrusion d'une femme dans leur association à caractère homosexuel, l'inconnue de Luc ou cette femme chez Matthieu et Marc relèvent d'une autre économie du désir. Pour les disciples, leur maître est déjà une idole à ne pas souiller ni aimer charnellement, c'est une prochaine relique de leur deuil impossible. Ce parfum jeté par les fenêtres aurait pu être vendu, l'argent distribué aux pauvres, et l'on en revient au petit commerce, donc à la prostitution, mais cette fois côté mac. Les disciples, toutes chapelles confondues, vénèrent leur maître avec tout ce qu'il y a de vénéneux et de véreux dans le mot « vénérer ».

L'inconnue l'aime comme une femme qui ne craint pas de dépenser beaucoup d'argent pour celui qu'elle sait mortel ; elle sait à quel homme fini elle s'adresse et combien sa beauté participe de l'échéance du temps à lui imparti ; pire, elle ne se laisse même pas arrêter par l'idée qu'elle hâte sa mort par son geste. Elle use sans compter de l'argent pour manifester son amour, il rend tangible sa valeur et le goût qu'elle y trouve. Quand l'argent se dissipe en parfum, la valeur devient sensible pour tous les invités du banquet et nul ne peut ignorer que l'amour d'une femme est lié à ces efflorescences de l'instant, les flux et les effluves. À l'autre extrémité du spectre amoureux, l'argent de la trahison de Judas n'aura pas d'usage et finira par être jeté dans le caniveau ; il ne vaut rien, ne sert à rien et ne sent rien.

La table du festin

Ce corps touché et caressé par la femme sans nom des trois évangélistes – seul le quatrième, Jean, l'appelle Marie – est rendu à son humanité. À la faveur de son apparition dans le texte évangélique, toutes les sensations corporelles seront convoquées. C'est au cours d'un repas qu'elle voit l'objet de son désir, qu'elle le baigne de ses larmes, entend les mots d'amour qui dissipent tous ses maux, respire le grain de sa peau. Par quatre fois, comme à plaisir, les Évangiles, en s'attardant sur ces étreintes, affirment la puissance de l'amour humain. Ces scènes glorifient le corps de chair, ses substances, ses postures et ses attentes.

L'audace de cette femme nommée ou non, que l'Église ultérieurement identifiera une fois pour toutes comme Marie-Madeleine, le trouble qu'elle suscite, ses gestes qu'elle montre à tous et qui trahissent trop bien son penchant pour « le fils de l'homme », le peu de retenue qu'elle affiche, tous ces signes la rendent exemplaire, digne émule de la Sulamite du Cantique des cantiques. À la plus extrême spiritualisation du corps vécue sur la montagne de la Transfiguration par Jésus, attestée par deux immenses figures prophétiques, Moïse et Élie, va correspondre sa matérialisation la plus poussée à cette table du festin où s'invite Marie-Madeleine.

Dans cette salle du banquet, au milieu des autres corps, des odeurs appétissantes, des propos échangés, elle ne fait confiance qu'à son corps, à la puissance qui s'en dégage. Elle ne prie pas, elle ne demande rien, elle se présente muette, c'est son corps qui parle d'elle. Elle n'a pas besoin de croire ou de ne pas croire, ni de s'accuser de quoi que ce soit, elle ne fait que montrer « beaucoup d'amour » envers ce corps dont elle précipite le terme en l'ensevelissant sous les baisers. Aurait-elle deviné sa fin au point d'être pressée de le voir mourir pour se nourrir enfin de la chair et du sang de cet homme, ces *saintes espèces* qu'il va bientôt lui-même encourager à manger et à boire pour obtenir la vie à jamais ? Serait-elle aussi scandaleuse et folle que lui, jusqu'à outrepasser toutes limites et vouloir manger l'objet de son désir, comme demain elle voudra la première le voir ressusciter d'entre les morts ? À la vision théophanique succède la passion théophagique, cette faim et cette soif de l'autre que le Coran rappelle dans la sourate V, « La table pourvue », où les disciples de Jésus lui demande de faire descendre du ciel une table servie pour « manger » et « apaiser [leur] cœur » (Cor V/112-115).

Surtout, Marie-Madeleine n'a plus rien à perdre, car elle a déjà tout perdu autour d'elle, réputation, dignité, honneur. Au milieu des décombres subsiste ce désir insatiable qui, par son excès, son archaïsme, achève de ruiner les représentations tolérables de l'amour. Aimer c'est aussi chercher à se nourrir de l'autre pour advenir comme autre, et elle s'adresse au seul homme qui, non content de s'y prêter, l'y convie. Mais au festin auquel elle se prépare, c'est l'invité qui est dévoré, c'est elle, absorbant cette nourriture et cette boisson, qui est mangée par ce vivant aliment. « Notre Seigneur, assure le mystique rhénan Jean Tauler au XIVe siècle dans un sermon (n° 31), chasse chaque homme à la manière qui lui est utile et nécessaire. Continue ta course avec douceur et patience et tu deviendras alors une nourriture merveilleusement tendre et de celles que Notre Seigneur goûte par-dessus tout. »

Au cours de ces agapes où manger le corps divin c'est être mangé par lui, les sens naturels sont embrasés et rendus surnaturels. Rassasiée d'éternité, la chair échappe à la finitude du corps.

Captures des corps et souffles de chair

Dans l'Évangile de Jean, la scène de l'onction du corps de Jésus se passe à Béthanie et se complique au plus haut point. Trois personnages s'y ajoutent : Lazare, le frère de Marthe et Marie, qui vient d'être ressuscité par Jésus ; Judas, le disciple qui tient les cordons de la bourse du petit groupe autour de Jésus et qui va le vendre ; Marthe, l'industrieuse, celle qui s'occupe de tout le repas. Sa sœur, Marie, parfume et essuie les pieds de Jésus avec ses cheveux, comme dans la version de Luc. Quatre situations symétriques apparaissent : Lazare revient de la mort grâce à Jésus, Judas va livrer Jésus à la mort ; Marthe déborde d'activité pour Jésus, Marie ne fait rien sinon aimer et écouter Jésus ; Marthe va s'emporter contre cette sœur qui ne l'aide pas à servir, Judas s'emporter aussi contre elle et l'accuser de gaspiller l'argent en parfum ; Lazare comme Marie ne disent rien : silence de ceux qui ont affaire au surnaturel.

Par deux fois, en Luc (10, 38-42) et en Jean (12, 1-9), Jésus défendra le choix de Marie, son oisiveté quand sa sœur travaille, son gaspillage quand il y a des pauvres à nourrir. Jésus déclare même à Marthe que sa sœur a choisi « la meilleure part » et à Judas que, des pauvres, il y en aura toujours parmi eux, mais que lui n'y sera pas toujours. Le moins que l'on puisse dire, c'est que sa pensée ne se limite pas à l'utile et au raisonnable.

Maître Eckhart a construit un sermon sur la protestation de Marthe, « *Intravit Iesus in quoddam castellum* » (n° 86), qui renverse l'interprétation habituelle de cette scène selon laquelle à trop s'affairer, on manque l'essentiel. Il y développe l'idée que Marthe est beaucoup plus avancée dans son chemin vers la sainteté que sa sœur. Et ce qu'elle demanderait, c'est que sa sœur accède à la station mystique qui est la sienne et qui se caractérise par une distance et un renoncement à toute exaltation des sens, à tout transport de l'âme. La réponse de Jésus indiquerait qu'il sait que Marie n'est pas encore parvenue à ce détachement dont Marthe fait preuve et que la gourmandise spirituelle de la première veut se contenter de « la meilleure part ». L'originalité de cette interprétation témoigne de cette liberté d'esprit d'Eckhart qui, en d'autres circonstances, allait entraîner son excommunication. Il ne se contente pas de vanter le prosaïsme de Marthe, mais souligne combien la purification de l'esprit par les opérations du corps s'impose. La singularité de son interprétation est une invitation à penser avec souffle, quitte à se laisser porter dans une autre direction que la sienne.

Marthe est une femme ordonnée, elle se situe dans un monde où les repères ne font pas défaut. Elle fait ce qu'elle a à faire, rien ne vient l'interrompre car rien ne vient la troubler. Son détachement s'appuie sur la solidité des objets et la futilité des croyances. Eckhart l'enracine ici-bas et la considère disponible pour toutes sortes de tâches domestiques, sans être encombrée par qui que ce soit, serait-ce Dieu en personne. Elle n'a plus besoin de croire en un Dieu, sa foi se passe d'objet, par contre elle a besoin d'un coup de main pour balayer la salle à manger.

Par son désœuvrement, Marie n'appartient pas au même temps que Marthe et ne voit pas la même chose qu'elle. Depuis qu'elle s'est jetée aux pieds de cet homme qui déclare son origine divine, elle ne connaît plus de mesure, l'argent et le temps ne comptent plus, une rupture a été consommée. De s'être prosternée ainsi l'a conformée à l'ange de l'Annonciation. Désormais, elle est attentive à la présence d'un autre qui ne retient personne, sinon par le désir qu'il inspire. Immobile, elle « écoutait sa parole », parole à laquelle son corps donne le ton. Mots, regards et silences sont à l'œuvre dans cet échange ; contempler ce n'est pas seulement subir des impressions variées, mais vivre dans un temps qui dissipe le temps de l'activité utile et du calcul : la contemplation est aussi bien poursuite de la caresse par les yeux que passage du toucher à l'ouïe grâce à la musicalité d'une voix.

La meilleure part, n'est-ce pas dès lors celle que la mort même ne peut plus abolir, puisqu'elle tient à l'orientation d'un corps vers la lumière et au souffle qui émane d'un autre corps ? Lumière que Marie déguste comme une liqueur, souffle dont elle se nourrit ; en retour, sa présence contemplative autorise l'autre personne à goûter sa propre divinité. En le touchant des yeux, elle s'offre à la faim de son amour. Là où, au plan des réalités naturelles, Marthe se souciait à juste titre du déjeuner et Judas des pauvres – l'une dans la simplicité du nécessaire, l'autre dans l'ambiguïté de la pitié –, Marie, comme la pécheresse au banquet de Simon, vient troubler le jeu avec la sauvagerie de son désir et vend la mèche de la réalité surnaturelle : pour ses sens subvertis et rendus surnaturels, elle n'espère plus aucune autre nourriture que ce corps d'homme ; le contempler avec ses yeux, sa bouche, son oreille, son nez, ses mains, est devenu sa seule raison de vivre et sa seule façon d'en vivre. « Plus que ma viande et boisson/Mon manger à chaque clin d'yeux [*My more than meat and drink,/My meal at every wink*] », écrira le poète anglais Gerard Manley Hopkins dans un poème consacré à la Vierge, « La Sainte Vierge comparée à l'air que nous respirons [*The Blessed Virgin compared to the Air we breathe*] ». Un penseur mystique comme Ibn 'Arabî pourrait faire sien un tel titre, en remplaçant *Virgin* par Coran, tant par son écriture il rend à la parole divine le souffle de ses images.

Là où des corps témoignent d'une oralité envahissante, un sursaut survient parfois et se poursuit jusqu'à l'invention d'un corps ventilé. La vie d'un musicien de génie comme John Coltrane est révélatrice de ce mouvement ascensionnel. Gavé de sucreries, perfusé de drogues pendant tant d'années, le corps soufflé de Coltrane, au fur et à mesure qu'il s'allège de tous ses poisons, devient l'incarnation du souffle. L'air qu'il sculpte dans tous les registres de son instrument, le saxophone, s'offre de plus en plus à la palpation de son auditeur.

L'effondrement

Vient le moment où la nuit descend sur la terre, l'interminable samedi de la crucifixion de l'homme, l'absence d'alternative à la mort. Marie-Madeleine a été actrice et témoin de tout le spectacle, de tout le supplice. Elle a voulu croire à l'absolu de l'amour ; après avoir rencontré les limites du désir, la voici en proie à la cruauté de l'amour en quête de la chair.

Dans un des panneaux du retable de Martinengo peint par Lorenzo Lotto, elle est à genoux auprès du cadavre dont elle baise la main. Toucher des lèvres, effleurer ce corps inerte comme pour mémoriser dans sa propre chair une présence enfuie. Mieux qu'une autre, elle savait que sa beauté de courtisane était vouée au néant et elle en éprouvait de l'horreur, jusqu'à ce qu'elle aime le corps d'un homme, un corps périssable, comme le sien, dont elle a pris soin de goûter par tous ses sens les saveurs, en raison même du néant dont elle a reconnu la progression en lui. Elle ne l'ignore point, elle ne le nie point, au contraire, c'est d'apercevoir en quoi la mort réduit à rien la beauté de l'aimé, en quoi elle l'exalte et lui confère son caractère unique, qui la rend si attentive à lui. Dans un court texte de 1915, « Éphémère destinée », où passent l'ombre de Lou Andreas-Salomé et celle de son amant, le poète Rilke, où les ravages de la Grande Guerre stupéfient les esprits, Freud évoque sans détour la plus-value de jouissance extraite de l'inévitable effondrement des corps et des valeurs et déclare que « la limitation dans la possibilité de la jouissance augmente le prix de celle-ci ». Maintenir assujettie la cruauté au sein d'Éros, c'est accepter l'empreinte du néant sur l'objet d'amour, accepter sa fugacité qui rend si précieux l'instant.

Après la mort de Jésus, il n'y a plus rien à attendre pour Marie-Madeleine, l'érection de la croix a mis fin à ses illusions. Le cataclysme a lieu, celui que le Coran nomme « La fracassante » :

> « La fracassante…
> – Qu'est-ce que la fracassante ?
> – Qu'est-ce qui peut te faire comprendre ce qu'est la fracassante ?…
> Au Jour où les hommes seront comme des sauterelles répandus
> où les montagnes seront comme touffes de laine qu'on carde. » (Cor CI/1-5)

La souffrance est partout et il n'y a pour cette femme nulle consolation et nul Dieu, rien que l'ici-bas. Son amour n'aura été que le plus puissant des trompe-l'œil, le plus ultime, maintenant en charpie. À cet instant, tout lui a été retiré, elle n'est plus qu'une survivante au fond du gouffre.

« Y aurait-il une douleur semblable à la mienne ? » écrit Bataille dans le projet d'une préface pour un écrit voué à être posthume, *Le Mort*. Composé de vingt-huit tableaux, il retrace l'itinéraire érotique de son héroïne, Marie, après la mort de son amant, Édouard. En reprenant ce prénom de Marie, Bataille semble proposer une suite à l'aventure de celle qui s'est écroulée de douleur au pied de la croix, après avoir été au pied de son amour.

Une fois restée seule avec le mort, Marie « se reprit soudain, se jouant de son désespoir » ; déliée de toutes les « lois auxquelles la peur assujettit », elle va offrir son corps à la multitude. Bataille ose-t-il faire écho à la prophétie coranique et tenter de « faire comprendre ce qu'est la fracassante » à travers son retentissement en Marie ? Celle-ci « arracha sa robe et mit son manteau sur un bras. Démente et nue, elle se précipita sous l'averse en courant. [...] Dans la douceur des bois, Marie s'étendit sur la terre. À terre elle chantonna d'une voix qui s'éraillait : *C'est de la nudité/Et de l'atrocité.* » Seul le désordre des sens correspond pour elle à l'absurdité de l'irrémédiable : « L'horreur disposait d'elle absolument comme l'assassin de la nuit noire. »

Cette mort la rend à tous, elle se livre à la débauche en toute connaissance de cause, tant son amour s'enivre de son malheur. Comme la mort concerne le corps, le mal concerne la chair et Marie s'abandonne à une débauche qui la délivre d'elle-même, la fait disparaître de son vivant.

Arrivant dans une auberge – un bouge de campagne –, elle entre dans l'abjection. La décomposition de son corps amoureux s'effectue : toutes ses matières, la bave, la pisse, le vomi, la merde, sans plus de retenue s'écoulent, exposent sa ruine. La nudité qu'elle révèle, la démesure dont elle fait preuve la hissent à la hauteur de l'atrocité éprouvée dans sa chair, face à la mort de son amant. Coupable de toutes les insolences, la chair de Marie n'est plus qu'une offrande souillée. La déchéance, la dissipation dans lesquelles elle s'est précipitée lui ont donné la possibilité de prendre part, vivante, à la corruption dont Édouard, mort, est devenu la proie.

« La meilleure part »

De nouveau, Marie-Madeleine s'est munie de parfums et d'aromates pour laver ce corps torturé qui est passé de main en main comme une monnaie usagée.

Elle ne trouve qu'un tombeau vide, le corps a disparu et elle soupçonne que Jésus a été transporté ailleurs. C'est là que tout arrive, plus rien n'y fait obstacle, aucun écran ne s'interpose entre elle et lui. *La résurrection est une invention du désir féminin*, née de sa violence et de sa poursuite de l'insaisissable : la chair d'un homme. À l'absence visible du corps dans la réalité du tombeau succède la présence intouchable de cette chair dans l'intimité de la sienne. Cette présence nouvelle correspond à un amour voué à l'éternité de son désir, lorsqu'elle reconnaît que celui qu'elle aime n'est *plus* mort, qu'il est même devant elle en la personne de ce jardinier qu'elle interroge pour savoir où a été caché le cadavre. En se retournant vers cet inconnu, son regard subit une conversion : elle voit sa chair en gloire et non pas son corps pour la mort. Cette révélation du triomphe de la chair – ce trou dans la mort – advient après la disparition du corps. Ce dernier, elle ne peut plus le toucher, puisqu'elle l'éprouve maintenant dans l'invisibilité de sa chair à elle et qu'il n'est plus atteint par les sens. *Noli me tangere*, « Ne me retiens pas » ou « Ne me touche pas », ne s'adresse qu'à elle ; Thomas pourra bien glisser ensuite ses doigts dans les plaies du corps ressuscité, il ne cherche pas à aimer, lui, mais à croire.

Nous retrouvons le sujet de la gravure de Rops qui a tant frappé Freud : ce qui triomphe de la mort, c'est un amour capable de transformer le désir, de renverser son mouvement que, dans *Madame Edwarda*, Bataille qualifie de « glissement aveugle dans la mort » – un amour qui s'enracine dans la chair et qui tend à la rejoindre. C'est cette *matière spirituelle* que les peintres de Baudelaire – Rubens, Watteau, Delacroix – vont rendre si proche des yeux et si intouchable.

Une chair que le corps recèle, à l'abri des regards, que l'aiguillon de la cruauté pousse à rechercher, à découvrir en perçant des yeux l'enveloppe, le vêtement ou l'écrin. Là où l'avidité visuelle d'Actéon se contente de surprendre le corps nu de Diane, la farouche déesse divulgue l'ambition du chasseur indiscret, son dessein secret, en le faisant déchirer par ses chiens, en exhibant la chair pantelante de l'audacieux. Mais cette chair meurtrie livrée à la vue de tous n'est que le signe dérisoire de la chair triomphante et glorieuse dont seul le voile de la beauté constitue la promesse en ce monde.

L'inquiétante énergie du désir et de l'amour n'est pas assez élucidée par les considérations sur l'inéducabilité ou la satisfaction contrariée de la pulsion sexuelle vouée aux objets d'amour substitutifs. L'extravagance amoureuse n'est pas dans la simple continuité de la pulsion sexuelle. À relire les deux fictions sur l'amour que Freud a étudiées, *Gradiva* de Jensen et *L'Homme au sable* d'Hoffmann, l'échec est patent, alors même que les deux héros parviennent à des résultats contraires. Norbert Hanold retrouve son amie d'enfance, Zoé, sous l'apparence de l'antique et jeune Pompéienne Gradiva, tandis que Nathanaël perd sa fiancée Clara et se perd en s'amourachant éperdument de l'automate Olympia. À la fin de la cure d'amour prodiguée à Norbert par Zoé, celle-ci lui fait savoir qu'elle ne nourrit aucune illusion sur le couple : « Il y a belle lurette que je me suis fait une doctrine, à savoir qu'une femme ne sert à rien d'autre sur cette terre qu'à épargner à un homme la fatigue de s'occuper de tout ce qu'il faut faire dans une maison. » De son côté, Jensen, l'auteur, n'hésite pas à ironiser longuement sur la caricature de l'amour : son héros guéri et sa thérapeute improvisée sont aussi destinés à devenir ce couple grotesque que constituent les « *inséparables* » Auguste et Grete en voyage de noces. Le vol nuptial de ces Dupont et Dupond de l'amour domestique va jusqu'à lui rappeler un essaim de mouches, ce « fléau de l'humanité ».

À sa façon désespérée, Nathanaël est plus proche d'un aspect de l'amour, quand ce dernier se confond avec la machinerie optique du désir, en élisant comme parfait objet d'amour l'automate Olympia ; ce que, d'une autre façon, Norbert cherchait en tombant amoureux d'un bas-relief romain, Gradiva. Dès que l'amour se borne à saisir son reflet dans le miroir des yeux d'autrui, autant choisir l'automate aux yeux de verre pour s'y mirer ou élire la statue aux yeux vides pour y dissimuler son image. Ou mieux encore, comme lord Ewald au savant Edison dans *L'Ève future* de Villiers de L'Isle-Adam, passer commande d'une femme artificielle, Hadaly, « plus naturelle que la vraie » et si décevante Alicia : « La femme que représentait cette mystérieuse poupée assise à côté de lui *n'avait jamais trouvé en elle de quoi lui faire éprouver le doux et sublime instant de passion qu'il venait de ressentir.* »

Cependant, le choix de l'automate fait apparaître un côté ludique de l'amour d'objet : l'automate peut être démembré, l'anatomie du corps décomposé et recomposé au gré des fantasmes de son possesseur. Resurgie des profondeurs de l'enfance, une curiosité cruelle se donne ici libre cours, alors qu'elle est souvent frappée de refoulement. L'œuvre du peintre Hans Bellmer et ses *Jeux de la poupée* l'illustrent avec une ferveur *convulsive* : « Ajuster les jointures l'une à l'autre, écrit-il dans *La Poupée*, soutirer aux boules et à leur rayon de rotation l'image des poses enfantines, suivre tout doucement le contour des vallons, goûter le plaisir des arrondis, faire des choses jolies, et répandre non sans quelque ressentiment le sel de la déformation. Enfin, se garder de rester immobile devant le mécanisme intérieur, effeuiller les pensées retenues des petites filles, et rendre visible, de préférence par le nombril, le tréfonds de ces pensées : panorama révélé dans la profondeur du ventre par une multicolore illumination électrique. Ne serait-ce pas la solution ? »

Solution à quoi ? À la puissance du courant cruel qui exige d'être pris en compte dans la vie amoureuse, car celle-ci ne se limite pas à la rencontre des corps mais recherche l'effusion de la chair. Un petit apologue de Baudelaire, extrait de *Fusées* (XI), souligne ce dessein caché : « Un homme va au tir au pistolet, accompagné de sa femme. – Il ajuste une poupée, et dit à sa femme : Je me figure que c'est toi. – Il ferme les yeux et abat la poupée. – Puis il dit en baisant la main de sa compagne : Cher ange, que je te remercie de mon adresse ! »

Que *l'ombre du meurtre s'étende sur l'objet d'amour* permet de mieux entendre la provocante supposition de Freud dans ses « Considérations actuelles sur la guerre et sur la mort » (1915) : « L'amour ne saurait être de beaucoup plus récent que le plaisir du meurtre. » Il suffit pour s'en convaincre de lire ces rêves de Freud ou de ses patients qui exposent la violence inhérente à la sexualité, au point de l'amener à constater que « le fait d'"être écrasé" symbolise le commerce sexuel », comme il le déclare après avoir analysé le rêve de la « fillette écrasée », rêve qui conforte sa « certitude » obtenue grâce à de « nombreuses autres sources ». Nul mieux que « le rêve des hannetons » ne vient établir cette certitude puisque à l'analyse apparaît dans les associations de la rêveuse « cet impératif adressé à son mari : "Pends-toi !" » Son souhait d'une « forte érection » de sa part s'exprime par le biais d'une exécution, comme dans les figurations de son rêve où un hanneton « est écrasé par le battant de la fenêtre au moment où elle ferme ». « Le thème de la cruauté envers les animaux », cet appel venu de l'enfance, hante ce rêve et à travers ce déguisement le lecteur aperçoit l'étendue du jardin des supplices de la rêveuse, *son semblable, sa sœur* : noyer, ébouillanter, transpercer, empoisonner, affamer, arracher, dévorer. Tel le mal à la faveur de l'espace fictionnel, la cruauté déploie ses innombrables images dans l'espace onirique. Par toutes ses pensées, ce rêve, comme en « un opéra fabuleux », expose l'intrication des « souhaits sensuels », des manifestations cruelles et des sentiments tendres dont l'amour est le fruit.

Pour s'épargner la lourde dépense psychique réclamée par l'amour, chacun peut choisir de se réfugier dans la circularité du désir et les substitutions des objets d'amour qu'il ménage. Substitutions de la putain ou de la maîtresse à la mère qui miment le sacrifice de l'objet incestueux et font de l'amour « un acte sans importance », un acte habituel qui peut se répéter indéfiniment. Ou bien l'amour renchérit sur les impulsions du désir en proposant aux amants de ne plus enfouir le courant cruel qui les anime et de prendre le risque d'atteindre la chair en aimant le corps. Ainsi l'amour libère la cruauté de son asservissement au mal et donc de la malédiction de son origine.

La chair se situe au-delà de l'objet d'amour mais, sans la visée de celle-ci, l'amour ne parvient pas à cette ouverture entre l'un et l'autre, à cette aurore dont l'apparition de la nudité féminine est la manifestation. Ce pas suppose l'acceptation de l'aimé(e) jusque dans sa disparition, donc de garder en vue ce feu jailli de l'abîme à l'instant où les amants l'enjambent.

Aux « orduriers » baudelairiens qui voulaient croire que l'amour consistait à « donner » ou « recevoir », Paulina et Hélène, les deux héroïnes de Jouve au début et à la fin de son œuvre romanesque, en donnant à leur amant ou en acceptant de ce dernier la mort, désignent cette extrémité de l'amour qui livre accès à la chair par-delà le désir du corps. Jeanne pour Baudelaire ou Laure pour Bataille auront incarné ces étrangères qui les auront introduits au cœur du féminin, ce pays absent de toutes les cartes où se jettent les trois courants de la vie sexuelle. Aucun des deux n'aura épargné ses forces pour accompagner sa femme par-dessus le gouffre.

Peut-être les énoncés de Freud destinés à surmonter le respect pour la femme et à se familiariser avec la représentation de l'inceste, *pour être heureux en amour*, deviennent-ils plus tangibles, à défaut d'être moins insensés. Bataille, en écrivant *Ma mère*, livre inachevé où passe son dernier souffle, indique combien se familiariser avec la représentation de l'inceste, c'est à la fois voir la putain dans sa mère et supporter de la voir susciter un amour impossible à assouvir ; c'est s'ouvrir aux potentialités fantasmatiques de l'inceste tout en y renonçant par le sacrifice de l'acte incestueux. « Pourrais-je même dire de cet amour qu'il fut incestueux ? s'interroge-t-il. La folle sensualité où nous glissions n'était-elle pas impersonnelle et semblable à celle si violente de ma mère au moment où elle vivait nue dans les bois [...] Ma mère et moi nous mettions facilement dans l'état de la femme ou de l'homme qui désirent et nous ragions dans cet état, mais je ne désirais pas ma mère, elle ne me désirait pas. Elle était comme je sais qu'elle était dans les bois, je lui tenais les mains et je savais qu'elle était devant moi comme une ménade [...] Si nous avions traduit ce tremblement de notre démence dans la misère d'un accouplement, nos yeux auraient cessé leur jeu cruel : j'aurais cessé de voir ma mère délirant de me regarder, ma mère aurait cessé de me voir délirer de la regarder. »

Ce délire du regard concerne la nudité, le seul équivalent sensible de la vision de la chair, *une nudité qui abolit toutes les réserves que les corps amoureux conservent malgré eux* et qui, selon Baudelaire, fait « délirer les cerveaux et les cœurs ». Cette nudité qui saute aux yeux du Surmâle de Jarry quand Ellen enlève son loup, seule parure et dernier vêtement gardé sur elle dans l'amour : « Le masque était tombé, et il parut d'une évidence absolue au Surmâle que, bien qu'il possédât depuis deux jours Ellen toute nue, il ne l'avait jamais vue, même sans son masque. »

C'est cette même nudité que Bataille évoque à travers ses personnages féminins Edwarda, Marie, sa mère, leur corps nu émergeant de l'animalité comme de l'enfance, se gorgeant de lui-même dans ses retrouvailles. C'est aussi le privilège d'une telle nudité, si exorbitante, que de se confondre avec la vue du sexe féminin où se dévoile, à l'homme, l'arrêt de mort qui exige d'être transgressé pour accéder au champ de la jouissance. Des poèmes de Baudelaire, de Jouve ou de Bataille qui en retracent la vision, quatre vers de ce dernier vibrent à son orée :

« je bois dans ta déchirure
et j'étale tes jambes nues
je les ouvre comme un livre
où je lis ce qui me tue. »

L'identification à Mme Edwarda, à laquelle Bataille est parvenu, lui aura permis de mettre des mots sur cette jouissance au féminin : « La jouissance d'Edwarda – fontaine d'eaux vives – coulant en elle à fendre le cœur – se prolongeait de manière insolite : le flot de volupté n'arrêtait pas de glorifier son être, de faire sa nudité plus nue, son impudeur plus honteuse. » « Comprenne qui peut, comprenne qui meurt », ajoutera-t-il plus loin, et ne faut-il pas comprendre qu'à l'image de Marie-Madeleine, Edwarda arrive à ressentir glorifié dans sa chair ce qui ne cesse d'être profané dans son corps, un corps qui, à la faveur de sa jouissance féminine, cesse d'être référé à la loi phallique ou à son épouvantail, la mort ?

La guérison oculaire

Il est temps d'en revenir au rêve de « la préparation anatomique », à la fin de ce rêve de Freud où la fenêtre donnait sur l'abîme : « Nous arrivâmes à une petite maison de bois qui débouchait sur une fenêtre ouverte. Le guide m'y déposa et mit sur l'appui de la fenêtre deux planches en bois déjà prêtes pour ainsi jeter un pont sur l'abîme qu'il fallait franchir en passant par la fenêtre. À ce moment, je fus réellement pris d'angoisse pour mes jambes. Mais au lieu d'effectuer le franchissement attendu, je vis deux hommes adultes couchés sur des bancs de bois placés le long des parois de la cabane et comme qui dirait deux enfants dormant à côté d'eux. Comme si ce n'étaient pas les planches mais les enfants qui devaient permettre le franchissement. Je me réveillai dans l'effroi de mes pensées. »

L'atmosphère de cette dernière partie du rêve, si troublante et inquiétante, va convaincre Freud de la persistance d'un affect morbide lié à un double échec : « La femme-guide [de *She*], au lieu de ramener pour elle-même et les autres l'immortalité, trouve la mort dans un mystérieux feu central » ; et c'est la propre tombe de Freud qui est figurée dans le rêve, la pierre du tombeau étrusque qu'il avait admiré près d'Orvieto étant ici remplacée par le bois de la maison. La dure leçon de la sexualité humaine est une fois de plus répétée : l'immortalité de la vie implique en même temps la mort individuelle.

Mais la dualité insiste dans ce rêve : deux planches en bois, deux bancs de bois, deux hommes adultes, deux enfants. La spécularité propre au narcissisme est à l'œuvre, dans la mesure où l'amour de soi met à l'abri du déplaisir. C'est ce principe du plaisir-déplaisir, auquel le narcissisme se réfère, qui gouverne le moi, et Freud le convoque face à l'abîme. Lacan y trouvera la confirmation d'un recul devant la jouissance qui impliquerait un pas au-delà, une transgression des limites. L'angoisse et l'effroi signalent la proximité de l'abîme de la jouissance, qui suscite des images de perte de l'identité : comment sans mourir au moi connaître la jouissance ? Si la jouissance est articulée à l'interdit, elle ne peut être vécue par le sujet que comme un mal, susceptible de mettre en danger son narcissisme. Dès lors, l'amour est contenu dans le registre de la loi phallique, et seuls les courants tendre et sensuel sont admis à participer à l'alchimie amoureuse. À s'en tenir au principe de plaisir-déplaisir, Freud ne pouvait que se passer du courant cruel qui, lui, désigne le chemin vers la jouissance. La cruauté, quand elle cherche à émouvoir la chair, vient bousculer les règles du jeu érotique.

En maintenant les exigences de l'enfance et en ne se soumettant pas entièrement à la loi phallique, l'alliance de la cruauté et du féminin met chacun sur la voie de la jouissance. La frayeur qui en résulte provoque cette crainte de l'abîme que le rêve illustre, tout en fournissant les recours pour y faire face : la femme qui guide en dehors des sentiers battus et les enfants qui permettent de le franchir grâce à leurs potentialités pulsionnelles. La jouissance n'est plus hors de portée dès que chacun retrouve en lui-même la vigueur infantile et l'insoumission féminine. A contrario, lady Macbeth, en renonçant à son sexe et en condamnant l'enfance en elle, devient l'instrument du mal, une cruauté sans limite s'empare de son corps avant de la plonger dans le néant.

Mais le nom d'Orvieto, dans les associations de Freud, vient ouvrir une brèche qui livre passage à une interprétation dissipant la représentation terrifiante de l'abîme. Le tombeau étrusque visité là-bas ne doit pas faire oublier la cathédrale de cette ville où Freud a contemplé les fresques du *Jugement dernier* et de *La Fin du monde*. Le peintre Signorelli, dont l'oubli du nom par Freud donne lieu à un article, « Sur le mécanisme psychique de l'oubli » (1898), et au premier chapitre de *La Psychopathologie de la vie quotidienne* (1901), offre sa vision de la résurrection de la chair à travers l'apparition de corps nus. Freud, en rendant son nom « inaccessible au souvenir », refoule aussi « l'histoire réprimée » que ce nom raconte.

Or celle-ci indique que la résurrection de la chair est par excellence la représentation dans les trois monothéismes de la jouissance, représentation à la croisée de deux impossibilités : celle pour un enfant de concevoir la mort et celle pour une femme de s'en tenir à la norme phallique. La résurrection est donc la représentation d'une attente impossible qui implique la sexualité infantile et féminine.

Mais arriver à soutenir la vision de la résurrection, à se souvenir des fresques de Signorelli, est à coup sûr une menace pour un moi qui, en se bornant au cadre du plaisir-déplaisir, postule un hors-cadre où rôde la mort. La jouissance est située du côté de ce hors-cadre et elle ne peut continuer à être recherchée que si les contraintes du narcissisme et de la loi phallique sont contrebalancées par les convictions de l'enfance et du féminin, si la croyance en la réalité visible n'occulte pas l'irruption du réel invisible.

Un autre rêve de Freud, « Mon fils, le myope », éclaire « le danger d'avoir la vue courte », d'être prisonnier d'un champ visuel qui exclut l'invisible au profit du seul visible. Il pivote autour d'un couple de mots prononcé par son fils : *Geseres-Ungeseres* ; le premier, *Geseres*, serait un mot hébreu signifiant « souffrance imposée, fatalité », le second, *Ungeseres*, un néologisme en position de mot opposé et « tout à fait dénué de sens ». Mais ce mot bizarre est justement celui par lequel l'enfant témoigne d'un développement corporel et intellectuel qui ne s'est pas fait d'un seul côté, qui observe donc une « symétrie bilatérale ». Celle-ci peut s'entendre comme la possibilité de prendre en compte, du côté du visible, la souffrance et la fatalité, soit l'économie du plaisir-déplaisir, mais de soutenir aussi la dépense de la jouissance, ce luxe qui, comme celui du caviar évoqué dans les associations de Freud, apparaît « dénué de sens », du côté de l'invisible. D'ailleurs, le même rêve mêle les allusions aux religions juive et chrétienne, l'affliction juive devant les persécutions et la *folie* chrétienne, avec l'image de l'asile d'aliénés près de la Porta Romana à Sienne où la scène du rêve a lieu. Ces deux religions, l'une étant issue de l'autre, constitueraient l'avers et le revers d'une optique divine où le visible ne s'éclaire que de l'invisible en lui.

La « préférence » accordée à l'expression insensée *Ungeseres*, que Freud ressent à l'intérieur de son rêve, témoigne-t-elle que « ce qui est resté refusé au père », le fils y accédera ?

« Ainsi donc, écrit Freud au sujet du rêve de "la préparation anatomique", je me réveille dans l'"effroi de mes pensées", après qu'a fini par obtenir sa présentation cette idée que les enfants accéderont peut-être à ce qui est refusé au père », et *ce qui est refusé au père, c'est la jouissance*. Mais dans la religion du fils, le christianisme, le couple de représentations Passion-Résurrection ne repose que sur la jouissance. Jouissance obtenue par l'articulation de la résurrection de la chair à la passion du corps christique : sans son abandon au désir d'une femme pour sa chair, son corps reste prisonnier du tombeau de haine des hommes. *Sans cette articulation, la jouissance est remplacée par le massacre*, ce qui peut se déduire de la remarque de Freud dans *Psychologie des foules et Analyse du moi*, à propos du roman *When it was dark* (1903), de Guy Thorne : « C'en est fini de la résurrection du Christ et de sa nature divine et cette découverte archéologique [dans le roman] a pour conséquence un ébranlement de la civilisation européenne et une extraordinaire recrudescence des violences et des crimes. » Au XXe siècle, il est difficile de ne pas constater la sinistre vérité matérielle de cette hypothèse prémonitoire dans une Europe où dominaient des dictatures athées saturées de religiosité. Dans *L'Homme Moïse*, l'intuition de Freud concernant les racines de l'antisémitisme en apporte une confirmation éclatante : « On pourrait dire [de tous les peuples devenus chrétiens souvent par une contrainte sanglante] qu'ils sont tous "mal baptisés" ; sous une mince teinture de christianisme, ils sont restés ce qu'étaient leurs ancêtres épris d'un polythéisme barbare. Ils n'ont pas surmonté leur aversion contre la religion nouvelle, la religion qui leur était imposée, mais ils l'ont déplacée sur la source d'où leur est venu le christianisme. [...] Leur antisémitisme est au fond de l'antichristianisme. » Maintenant la haine de l'islam répandue dans les démocraties occidentales apparaît comme une nouvelle conséquence de ce formidable « ébranlement » qui n'en finit pas de répandre son onde de choc : une désymbolisation qui rabat la jouissance sur la destruction, faute d'une alternative symbolique comme la résurrection a pu l'être pour les trois religions monothéistes. Quand les forces pulsionnelles ne trouvent plus d'issues culturelles, comme les grandes religions ont pu l'être, la religiosité du psychisme se met au service du mal.

Comme Rops le représentait dans sa gravure si inspirée, le couple Passion-Résurrection repose dans les Évangiles sur le regard d'une femme, Marie-Madeleine, et donc sur l'imagination créatrice d'une femme. La « pénétration psychologique » dont Freud crédite Rops tient à sa compréhension du glissement de la Passion à la Résurrection : l'ombre du corps supplicié s'affaissant tandis que « s'élève à sa place l'image d'une femme nue aux formes épanouies ». La jouissance comme le crime est liée à la mort, mais celle-ci n'est pas son point d'aboutissement et le corps n'est pas son objet, seulement son point de passage en vue de la chair, son utopie. Mais seul un amour tourné vers l'impossible vision de la mort vaincue par la résurrection, comme celui de la Madeleine, assume le courant cruel en adoptant le point de vue de la jouissance. Lui seul autorise toutes ces visions bilatérales ultérieures et leur iconographie, non pas l'image partielle du « péché insolent et triomphant », mais la vue sans œillères, sous toutes ses faces, de la chair insolente et triomphante. Désormais, la boucle du regard est libre d'embrasser la continuité du sexuel au spirituel.

Que ressent Marie-Madeleine ce matin où elle est admise à contempler une chair sur laquelle la mort n'a eu aucune prise, sinon la justesse de sa jouissance féminine qui a excédé le fini et l'indéfini, la justesse de cet excès de sens, la résurrection de la chair, qui s'accorde avec l'infini ?

Le cristal des amants

« À la fin, c'est encore Éros qui gagne. »

Pablo Picasso

La dernière lettre de Freud, âgé et souffrant de son cancer de la mâchoire, date du 19 septembre 1939, trois jours avant sa mort. Elle est adressée à un poète allemand, Albrecht Schaeffer, et elle se termine par cette citation de l'un de ses poèmes : « Attendre, attendre. » Freud y évoque « ces temps si vides », « ce monde troublé et barbare » et le « sursis » dans lequel il vit.

La mort est-elle l'objet de son attente ou, comme chez Baudelaire, dans « Le Voyage », dernier poème des *Fleurs du mal*, ce « vieux capitaine » grâce à qui s'effectue le passage vers « l'Inconnu » ? La mort n'est pas le but du voyage mais le moyen de « plonger au fond du gouffre [...]/[...] pour trouver du *nouveau* ! ». Si le nouveau est une condition de la jouissance, la mort serait le maître à bord du navire qui donne accès à l'Inconnu. Jouissance et mort seraient donc dans une proximité redoutable. C'est la conséquence ultime d'un érotisme qui pour Baudelaire, comme pour Bataille, est approbation de la vie jusque dans la mort, mais loin de se résoudre avec la mort, cet érotisme constitue une *invitation au voyage pour au-delà de la mort*. Un au-delà anticipé ici-bas par le lieu du féminin et le voyage vers lui auquel l'homme est convié : s'il y consent, l'amour du féminin le conduit à outrepasser ses limites phalliques, à mettre en jeu les repères de son identité sexuelle, à faire de sa virilité un point de départ ; par-delà le corps, ce voyage ou cet exil est promesse de la chair, d'une chair outre-*mère*. Pour accéder à ce lieu, l'homme accepte de devenir un *être ouvert*, comme le nomme Bataille, de devenir un homme « et plus », comme l'indique Jarry.

En vers comme en prose, dans « L'Invitation au voyage », Baudelaire relate le *luxe* de ce lieu où le risque de jouir de l'amour se conjugue avec les aléas de la satisfaction sexuelle.

Et Freud peut-être, loin d'attendre la mort, espérait-il la venue de cette « troisième des femmes du destin », la pénultième ou l'étrangère, la « jeune femme » en « costume de voyage », « la créature désirée depuis toujours », tant de fois entrevue, qui vient chercher le Guépard, le prince Salina, au crépuscule de sa vie ?

Dans son rêve des trois Parques « qui filent la destinée de l'homme », Freud met en présence sa mère qui l'a nourri et qui l'a éveillé à l'amour comme à la mort, ainsi que sa femme désirée et aimée. À la faveur des pensées du rêve, il exprime un goût de vivre lié à une conviction érotique : « On ne doit rien laisser échapper, on doit prendre ce qu'on peut avoir, même si cela entraîne une petite injustice ; on ne doit rater aucune occasion, la vie est si courte, la mort inévitable. Parce que cela s'entend aussi sexuellement et parce que le désir ne veut pas s'arrêter devant l'injustice, ce *carpe diem* doit redouter la censure et est forcé de se cacher derrière un rêve. »

Comment ne pas entendre dans ces deux membres de phrase – « même si cela entraîne une petite injustice » et « parce que le désir ne veut pas s'arrêter devant l'injustice » – l'expression du courant cruel qui confère à l'amour, par sa liaison avec la tendresse et la sensualité, son omnipotence et son excès, mais en vue de quoi ? De faire brèche dans les concrétions verbales, de briser les évidences et les leurres : les occurrences de *brechen*, briser, sont dans le texte freudien souvent en rapport avec la jouissance, comme dans le rêve du « navire du petit déjeuner », où le bris du jeûne (*Fastenbrecher*) avec une bonne nourriture accompagnée d'un « excellent vin », ce briseur de soucis (*Sorgenbrecher*), constitue « la plus gaie des jouissances de la vie ». N'est-ce pas aussi le souhait de Roland Barthes dans ses *Fragments d'un discours amoureux* : poursuivre ce discours d'une « *extrême solitude* », affirmer ses « *figures* », telle la chair, qui brisent toutes considérations désespérées ou désabusées sur l'amour ?

Les pensées du poète sont dispersées par les rêves du psychanalyste. La volupté gît dans le mal, dans la mesure où l'énergie du mal, dont la cruauté est issue, irrigue les deux autres courants de la vie amoureuse. Alors celle-ci fait preuve de cette profusion qui, chez Freud, ne se fait jamais mieux entendre que dans la langue de ses rêves. Que le courant cruel reste méconnu ou indicible renseigne sur les illusions narcissiques – et le renfort qu'elles reçoivent des idéaux culturels – entretenues par le moi pour se défendre à la fois de l'amour et de la haine de l'objet aimé.

À l'horizon de la jouissance apparaît le continent féminin, et prendre le risque de la jouissance suppose de faire un pas au-delà de l'économie phallique du plaisir-déplaisir, de rompre avec les représentations idéologiques de l'amour diffusées par une société qui respecte l'autre comme un bien, et de briser la ronde des injonctions à profiter de lui sans trop dépenser. Rupture ou bris qui pour autant n'instaurent pas la transgression comme règle. La « petite injustice » évoquée par Freud concerne d'abord le moi dont la conservation narcissique est ébranlée par l'expression d'une cruauté qui n'ignore plus ses liens avec la volupté. Toutes les situations amoureuses peuvent rester en l'état même si survient une échappée hors des bons sentiments et des normes d'appropriation de l'autre, si est ménagé un accès à la dimension féminine de l'amour. Deux récits brefs, telles des paraboles, illustrent ce changement d'orientation et de direction : *Point de lendemain* de Vivant Denon et l'« Histoire du prince Jasmin et de la princesse Amande », un conte libertin du XVIIIe siècle et le dernier conte des *Mille et Une Nuits* dans la recension de Mardrus ; ces deux textes, dont les conclusions sont aux antipodes, invitent à aimer ailleurs et autrement.

Leur point commun, c'est l'amour vécu dans le lieu du féminin ; Mme de T. ou la princesse Amande ont le pouvoir de captiver un homme pour l'entraîner de façon momentanée ou durable dans une contrée qui ressemble à chacune de ces deux femmes. Ce lieu du féminin sera le cabinet secret qui jouxte l'appartement de Mme de T. ou le jardin d'Amande, ce « morceau détaché du Paradis ».

« Tout cela avait l'air d'une initiation. On me fit traverser un petit corridor obscur, en me conduisant par la main », déclare le héros de *Point de lendemain*, qui ne pose « point de questions » et n'offre « point de résistance », se laissant guider, comme le prince Jasmin, par les signes enchanteurs de la féminité jusqu'au sanctuaire du féminin. Chacun d'eux ose échapper aux bornes de son sexe en accédant au lieu de l'autre sexe, et c'est à la faveur de ce transport que les heures se remplissent de ce que Baudelaire nomme « la jouissance positive » ou « l'infini des sensations ». Au bout du voyage se fait entendre l'exclamation du conteur des *Mille et Une Nuits* devant l'apparition du féminin : « Qu'elle s'avance et c'est le tumulte de la résurrection ! »

Trois conditions paraissent indispensables pour vivre ce voyage. D'abord, l'homme doit avoir la capacité psychique de surseoir par instants au code phallique qui le détermine, pour s'ouvrir à l'altérité sexuelle du féminin, à sa différence et aux implications érotiques de cette différence : *s'en pénétrant, il ne perd plus de vue la valeur de son abandon.* Mme de T. ne propose pas à son amant éphémère de renoncer à sa maîtresse, mais de parvenir, en la suivant cette nuit-là et en se dérobant aux devoirs de sa liaison officielle, à cet instant où le temps se creuse, « où les heures plus lentes, écrit Baudelaire, contiennent plus de pensées », et où l'espace laisse entrevoir une étendue visible par le truchement d'une femme, un « pays superbe [...] que [Baudelaire] rêve de visiter avec une vieille amie ». Quant au prince Jasmin, il exerçait « extérieurement la profession de berger, et intérieurement il s'occupait d'amour [...] Et, la nuit, il habitait le jardin, en compagnie de sa bien-aimée Amande, cette rose de l'excellence. Et telle était son occupation constante ».

Ensuite, la femme qui guide l'homme constitue à la fois le chemin et le but du chemin : le lieu du féminin, que Baudelaire nomme « l'Orient de l'Occident », se confond avec la révélation de l'étrangère au cœur même de la femme familière, en compagnie de qui se déroule le voyage. Ici la jouissance ne relève pas de la surprise des sens procurée par un désir soudain, mais de la dissipation continue des apparences. La reconnaissance de ce lieu conduit d'abord le poète à ouvrir les yeux et à caresser du regard la procession des matières précieuses qui l'entourent : « Ces trésors, ces meubles, ce luxe, cet ordre, ces parfums, ces fleurs miraculeuses, c'est toi. C'est encore toi, ces grands fleuves et ces canaux tranquilles. » En ce pays proche et lointain, les évocations de la beauté répondent du féminin et ne se contentent plus d'y correspondre.

« Dans un baiser rempli de palmes et de vallées », Jouve abordera au « Pays d'Hélène ». Une fois le « vénérable derviche » des *Mille et Une Nuits* devenu le « messager d'amour », le saint homme peut honorer son Dieu en apprenant au prince Jasmin que les « joues [d'Amande] sont, comme dans le Koran, le verset de la Beauté ; ses sourcils d'arc, comme la sourate du Calame ».

Ainsi, la mystérieuse citation de saint Paul au frontispice de *Point de lendemain*, « La lettre tue, et l'esprit vivifie », prend toute sa portée : au lieu du féminin, la lettre se recueille dans l'esprit et devient chair. Ne retrouve-t-on pas une conversion similaire dans les langues sémitiques, l'arabe comme l'hébreu, où l'écriture reste lettre morte tant qu'elle n'a pas été vivifiée par le souffle des voyelles ?

Enfin, il revient à l'homme fécondé par ses visions, rendu poète, d'exposer comment le voyage peut s'accomplir grâce aux pensées que le féminin soulève en lui. Baudelaire achève son poème en prose en divulguant la signification du voyage : « Ces énormes navires [...], tout chargés de richesses, et d'où montent les chants monotones de la manœuvre, ce sont mes pensées qui dorment ou qui roulent sur ton sein. Tu les conduis doucement vers la mer qui est l'Infini, tout en réfléchissant les profondeurs du ciel dans la limpidité de ta belle âme ; – et quand, fatigués par la houle et gorgés des produits de l'Orient, ils rentrent au port natal, ce sont encore mes pensées enrichies qui reviennent de l'Infini vers toi. » Ce transport des pensées du féminin vers l'Infini et de l'Infini vers le féminin, cette oscillation perpétuelle trouve son site et sa réplique dans la chambre aux « miroirs profonds » du poème en vers. Cette chambre ressemble à l'un de ces jardins que l'on découvre en Orient : à l'abri d'un haut mur d'enceinte, auprès d'une fontaine murmurante, la rêverie et les propos des amants s'écoulent dans la nuit. Un poème de Baudelaire, « Le jet d'eau », relate ce colloque intime :

« Dans la cour le jet d'eau qui jase
Et ne se tait ni nuit ni jour
Entretient doucement l'extase
Où ce soir m'a plongé l'amour. »

Une telle chambre accueille le héros de *Point de lendemain*, une fois arrivé à destination : « La porte se referma, et je ne distinguai plus par où j'étais entré. Je ne vis plus qu'un bosquet aérien qui, sans issue, semblait ne tenir et ne porter sur rien ; enfin je me trouvai dans une vaste cage de glaces, sur lesquelles les objets étaient si artistement peints que, répétés, ils produisaient l'illusion de tout ce qu'ils représentaient. » Mais, à la différence du poète, il n'est pas sûr qu'il sache faire usage de ce dispositif optique. Ses mots, « sans issue », « ne tenir et ne porter sur rien », « cage de glaces », trahissent son anxiété devant ce qui lui paraît aboutir à une impasse, *un piège où il se perdrait de vue*. Il se contente de constater que « les désirs se reproduisent par leurs images », là où Baudelaire ne cherche plus la reproduction, mais la traversée des images par leur contemplation dévorante : « Dites, qu'avez-vous vu ? [...]/[...] Et puis, et puis encore ? » L'un se satisfait de l'image d'un « Eldorado banal », l'île de Cythère « de tous les vieux garçons », mirage d'une « île des doux secrets et des fêtes du cœur ! » ; là où l'autre regarde plus loin et, un pas au-delà de l'illusion de Vénus, cherche à « contempler [son] cœur et [son] corps sans dégoût », *à mettre son cœur à nu*. Si proche naguère du dandy de *Point de lendemain* dans son goût de la passante, Baudelaire ne se satisfait plus d'éprouver la chair à la surface de l'image, mais accepte d'en penser la déchirure et d'accéder à la nudité. La vision de la nudité, cette oscillation entre le mort et le vif – à l'œuvre dans la gravure de Rops ou dans *L'Ombre*, le tableau de Picasso – *pour qui supporte de regarder amoureusement l'autre avec l'énergie du mal*, seule l'épiphanie de la chair en livre le secret redoutable. Baudelaire a consacré sa vie à l'exprimer, notamment dans « L'Amour et le crâne » où il livre sa vision de la cruauté au sein de l'amour :

« Ce que ta bouche cruelle
Éparpille en l'air,
Monstre assassin, c'est ma cervelle,
Mon sang et ma chair ! »

Un épisode coranique, déjà évoqué, où la reine de Saba va à la rencontre de Salomon, présente de façon exemplaire, par sa concision, cette différence d'angles de vision, de la méprise de l'œil à l'aveu du regard :

« On lui dit :
"Entre dans le palais !"
Lorsqu'elle l'aperçut,
elle crut voir une pièce d'eau
et elle découvrit ses jambes.
Salomon dit :
"C'est un palais dallé de cristal !" » (Cor XXVII/44)

La confusion visuelle de la reine, ce produit d'une excitation spéculaire stigmatisée par le Coran à travers d'autres personnages en de multiples occurrences, la conduit à s'arrêter devant l'image, à être la dupe de l'illusion qu'elle favorise, à tomber dans le piège tendu au regard qui n'aperçoit plus que son reflet, et non la source dont il émane. Repoussant l'illusion narcissique, que Baudelaire décrit comme « un gibet symbolique où pendait [son] image », les amants dans leur palais de cristal se vouent à contempler l'infini dans le fini et aboutissent au dépassement visuel auquel l'amour les introduit. Les facettes du cristal décomposent leurs étreintes et brisent leur union en autant d'éclats qu'ils supportent de voir et d'éprouver.

Le sort dévolu à l'image distingue le héros de Vivant Denon du prince Jasmin et décide des voies opposées qu'ils empruntent. Le premier respecte l'apparence de l'amante d'une nuit et il oubliera son aventure *sans len-*

demain pour retomber dans la réalité ordinaire des liens affectifs ; il n'a pas entendu l'avertissement de saint Paul et, faute d'esprit, l'amour se contente de la lettre. Il n'est pas sans ressembler à Perceval dont l'erreur consiste à se taire « plus qu'il ne faudrait » dans le château du Roi Pêcheur où il assiste à la plus insolite des cérémonies : son silence occasionnera pour lui la fermeture et la disparition du lieu où règne l'amour.

Le second « fut ensanglanté » lorsque « la flèche de l'amour le pénétra » ; abandonnant son rang et les siens, « il s'en alla errant ivre sans vin, agité, silencieux, anéanti dans le tourbillon de l'amour ». Recherchant l'amour à travers l'image de la femme aimée, l'exil et la haine seront le prix qu'il acquittera pour vivre « le jeu de l'inconvenance » avec la princesse Amande. Tous deux deviennent des *infidèles* au regard des contraintes de leur milieu ou de leur famille, mais se découvrent appartenir aux Fidèles d'amour quand, dans le cours naturel des choses, ils réussissent à inscrire leur écart, leur absence, une suspension de l'espace et du temps :

> « Et ces deux amants bénis se prirent par la main et, plus légers que le zéphyr rosé, ils disparurent et s'évanouirent comme le camphre.
>
> Et depuis lors nul ne sut retrouver leur trace, et nul n'entendit parler d'eux ou du lieu de leur retraite. Car, sur terre, quelques-uns seulement d'entre les fils des hommes sont dignes du bonheur, de suivre le chemin qui mène au

bonheur, et d'approcher de la maison où se cache le bonheur. »

Les destins antinomiques de ces héros expriment les *deux côtés* de l'érotisme – loin de toute sécurité sexuelle, comme Proust, autre infatigable explorateur du continent féminin l'a établi. À son propos, Raymonde Coudert écrit : « Au cœur de l'inquiétude moderne sur la différence des sexes, il nous suggère de ne pas nous limiter à un genre, à un sexe, mais de nous efforcer, à l'instar de Swann, d'aimer une femme surtout si elle n'est pas notre genre ; de retourner l'aversion en amour, le dégoût en goût, la phobie en désir, et pourquoi pas la misogynie en conscience lucide de nous-mêmes. De pratiquer en somme l'inversion. »

D'un côté, il y a un érotisme qui se contente du plaisir, mais qui tourne court dès que la dissociation des trois courants tendre, sensuel et cruel écartèle le moi entre la mère et la putain, fournissant les mobiles de l'antagonisme entre l'amour et le sexe. Cet érotisme se satisfait du *semblable* et répugne à faire place en soi au lieu de l'autre, il se condamne à n'aimer que soi en restant à l'étroit chez soi : mère, épouses et maîtresses en ordre bien rangées, chacune à sa place et à chacune son dû. De l'autre côté se déploie un érotisme où l'amour ne recule ni devant la conjonction orageuse du corps, de l'esprit et du sexe, ni devant la traversée des périls, comme des extases, qu'elle implique. Cet érotisme, où la cruauté alliée à la sensualité et à la tendresse permet au moi de s'arracher à l'attraction de la mère et de ses avatars, recherche l'autre que soi jusqu'à rencontrer l'autre en soi. Même si sa destination ne figure sur aucun atlas, il est placé sous le signe du voyage, du déplacement auxquels Baudelaire incite son lecteur : « Les vrais voyageurs sont ceux-là seuls qui partent/Pour partir. » Un érotisme pour qui la nudité de « La très-chère » parée de « ses bijoux sonores », à la fois si familière et si étrangère, par « la candeur unie à la lubricité », est déjà l'épiphanie de la chair, *pardonnée* parce que triomphante aux « yeux clairvoyants et sereins » de son amant poète.

Tout le voyage de Dante, ce chantre des Fidèles d'amour, du froid de l'Enfer jusqu'au « rocher de cristal » du Paradis, est orienté par l'indomptable désir de rejoindre Béatrice en son lieu qui se révèle être le lieu de l'Amour. En ce lieu du féminin, une chance est accordée à l'homme de s'éveiller à la captivante étrangeté de l'amour. C'est la pensée de cette triade de l'Amour, de l'Amant(e) et de l'Aimé(e) qui illumine les nuits des Fidèles d'amour d'Orient et d'Occident. Contempler le cristal du château de l'Amour engage le derviche du conte à prophétiser :

> « Lorsque rien n'existait, l'amour existait ; et lorsqu'il ne restera plus rien, l'amour restera. Il est le premier et le dernier.
>
> Il est le pont de la vérité ; il est au-dessus de tout ce que l'on peut dire. Il est le compagnon dans l'angle du tombeau. »

Nul moins que Baudelaire n'a confondu les insignes de la féminité avec le lieu du féminin, la féminité entendue comme les parures et les artifices avec lesquels une femme apparaît et se dissimule tout à la fois, le féminin comme le lieu – et non l'être – qui donne forme à sa nudité. Personne mieux que lui n'a mis en œuvre ce partage entre les images et le miroir dont elles émanent. Les images auxquelles il voue un « culte » ne lui servent pas seulement à reproduire ses désirs, cette limite phallique de l'érotisme, mais à convertir ses désirs en pensées du féminin, à rendre visibles ses pensées grâce à la chair des mots.

Comme Baudelaire le souhaitait, certains hommes en proie à l'amour, loin d'emprisonner le féminin dans leurs fantasmes ou leurs regards, acceptent de *s'offrir* « à la femme aimée, à la sœur d'élection », répondent à son invitation au voyage, ce qui conduira chacun à créer cette « langue natale » susceptible de raconter ce qu'ils ont vu. Que demandait Freud au véritable poète, celui qui pour répondre devait être « sous la tutelle invisible d'un Ange », sinon de faire entendre dans la singularité unique d'une langue la résolution de l'énigme : le féminin ou l'aventure de cette chair de la chair ? Passage, qui devient pour chacun *son* voyage, de *'ïch* – l'homme – à *'ïchâ* – la femme –, ce que l'hébreu de la Genèse marque par une lettre *en plus*.

Bibliographie

ANDREAS-SALOMÉ Lou, *Journal d'une année*, in *Correspondance avec Sigmund Freud*, Paris, Gallimard, 1978.

« L'érotisme », in *Éros*, Paris, Minuit, 1984.

ARTAUD Antonin, *Le Théâtre et son double*, Paris, Gallimard, coll. « Idées », 1966.

« Adresse au pape », in *Œuvres complètes*, t. I, Paris, Gallimard, 1970.

BAECQUE Antoine de, *La Gloire et l'Effroi*, Paris, Grasset, 1997.

BALZAC Honoré de, *Mémoires de deux jeunes mariées*, in *La Comédie humaine*, t. I, Paris, Gallimard, coll. « La Pléiade », 1976.

BATAILLE Georges, *Le Coupable*, in *Œuvres complètes*, t. V, Paris, Gallimard, 1973.

Madame Edwarda, in *Œuvres complètes*, t. III, Paris, Gallimard, 1978.

Le Mort, in *Œuvres complètes*, t. IV, Paris, Gallimard, 1971.

Poèmes, in *Œuvres complètes*, t. IV, Paris, Gallimard, 1971.

Le Procès de Gilles de Rais, Paris, Pauvert, 1965.

BARTHES Roland, *Fragments d'un discours amoureux*, Paris, Le Seuil, 1977.
BAUDELAIRE Charles, *Œuvres complètes*, Paris, Gallimard, coll. « La Pléiade », 1968.
Correspondance, t. I et II, Paris, Gallimard, coll. « La Pléiade », 1999.
BELLMER Hans, *La Poupée*, in *Bellmer*, Paris, Obliques, 1979.
BERGER Karima, *La Chair et le rôdeur*, Paris, L'Aube, 2002.
La Bible de Jérusalem, Paris, Desclée de Brouwer, 1992.
BLANCHOT Maurice, « La raison de Sade », in *Lautréamont et Sade*, Paris, 10/18, 1963.
BOYERS D'ARGENS Jean-Baptiste de, *Thérèse philosophe*, in *Romans libertins du XVIIIe siècle*, Paris, Robert Laffont, coll. « Bouquins », 1993.
BRETON André, *Nadja*, Paris, Le Livre de Poche, 1966.
L'Amour fou, Paris, Gallimard, coll. « Métamorphoses », 1937.
Arcane 17, Paris, Le Livre de Poche, 2004.
CHÉNIER André, *Poésies*, Paris, Lattès, 1989.
CHRÉTIEN DE TROYES, *Perceval ou le Roman du Graal*, Paris, Gallimard, coll. « Folio », 1979.
Le Coran, Paris, Gallimard, coll. « La Pléiade », 1980.
CORBIN Henry, *L'Imagination créatrice dans le soufisme d'Ibn 'Arabî*, Paris, Flammarion, 1977.
COUDERT Raymonde, *Proust au féminin*, Paris, Grasset, 1998.
DANTE, *La Divine Comédie*, Paris, Flammarion, 1986.
DENON Vivant, *Point de lendemain*, in *Romans libertins du XVIIIe siècle*, Paris, Robert Laffont, coll. « Bouquins », 1993.
DIDEROT Denis, *Jacques le fataliste et son maître*, Paris, Le Livre de Poche, 1965.

DOSTOÏEVSKI Fiodor, *Les Frères Karamazov*, Paris, Le Livre de Poche, 1988.

ECKHART (Maître) *Sermons*, t. III, Paris, Le Seuil, 1979.

Les Enfants de Sodome à l'Assemblée nationale, Lille, QuestionDeGenre/gck, 2005.

FOUGERET DE MONBRON Louis-Charles, *Margot la ravaudeuse*, in *Romans libertins du* XVIIIe *siècle*, Paris, Robert Laffont, coll. « Bouquins », 1993.

FREUD Sigmund, « Sur les souvenirs-écrans » (1899), in *Névrose, Psychose et Perversion*, Paris, PUF, 1978.

L'Interprétation du rêve (1900), in *Œuvres complètes*, t. IV, Paris, PUF, 2003.

Trois Essais sur la théorie sexuelle (1905), Paris, Gallimard, coll. « Folio », 1990.

Le Délire et les Rêves dans la Gradiva *de W. Jensen* (1907), Paris, Gallimard, 1986.

« La morale sexuelle "civilisée" et la maladie nerveuse des temps modernes » (1908), in *La Vie sexuelle*, Paris, PUF, 1973.

« Un type particulier de choix d'objet chez l'homme » (1910), in *La Vie sexuelle*, Paris, PUF, 1973.

« Grande est la Diane des Éphésiens » (1911), in *Résultats, Idées, Problèmes*, t. I, Paris, PUF, 1984.

« Sur le plus général des rabaissements de la vie amoureuse » (1912), in *La Vie sexuelle*, Paris, PUF, 1973.

« Le motif du choix des coffrets » (1913), in *L'Inquiétante Étrangeté et autres essais*, Paris, Gallimard, 1985.

« Éphémère destinée » (1915), in *Résultats, Idées, Problèmes*, t. I, Paris, PUF, 1984.

« Considérations actuelles sur la guerre et sur la mort »

(1915), in *Essais de psychanalyse*, Paris, Petite Bibliothèque Payot, 1981.
« Quelques types de caractères dégagés par le travail psychanalytique » (1916), in *L'Inquiétante Étrangeté et autres essais*, Paris, Gallimard, 1985.
Conférences d'introduction à la psychanalyse (1917), Paris, Gallimard, 1999.
« Un souvenir d'enfance de *Poésie et vérité* » (1917), in *L'Inquiétante Étrangeté et autres essais*, Paris, Gallimard, 1985.
« Le tabou de la virginité » (1918), in *La Vie sexuelle*, Paris, PUF, 1973.
« L'inquiétante étrangeté » (1919), in *L'Inquiétante Étrangeté et autres essais*, Paris, Gallimard, 1985.
« Psychologie des foules et analyse du moi » (1921), in *Essais de psychanalyse*, Paris, Petite Bibliothèque Payot, 1981.
« Quelques conséquences psychiques de la différence anatomique entre les sexes » (1925), in *La Vie sexuelle*, Paris, PUF, 1973.
« Le fétichisme » (1927), in *La Vie sexuelle*, Paris, PUF, 1973.
« Dostoïevski et la mise à mort du père », in *Œuvres complètes*, t. XVIII, Paris, PUF, 1994.
Le Malaise dans la culture (1930), in *Œuvres complètes*, t. XVIII, Paris, PUF, 1994.
« La féminité », in *Nouvelles Conférences d'introduction à la psychanalyse* (1933), Paris, Gallimard, 1984.
« L'analyse avec fin et l'analyse sans fin » (1937), in *Résultats, Idées, Problèmes*, t. II, Paris, PUF, 1985.

L'Homme Moïse et la Religion monothéiste (1939), Paris, Gallimard, 1986.
Correspondance 1873-1939, Paris, Gallimard, 1991.
Correspondance Sigmund Freud-Stefan Zweig, Paris, Payot & Rivages, 1995.
Les Premiers Psychanalystes, Minutes de la Société psychanalytique de Vienne, t. I, Paris, Gallimard, 1976.
GENET Jean, *Querelle de Brest*, in *Œuvres complètes*, t. III, Paris, Gallimard, 1976.
GRANOFF Wladimir, *La Pensée et le Féminin*, Paris, Minuit, 1978.
HAGGARD Henry Rider, *Elle* [She] *ou la Source du feu*, in *Elle-qui-doit-être-obéie*, Paris, Robert Laffont, coll. « Bouquins », 1985.
Le Retour d'Elle, in *Elle-qui-doit-être-obéie*, Paris, Robert Laffont, coll. « Bouquins », 1985.
HOPKINS Gerard Manley, *Grandeur de Dieu*, Caen, Nous, 1999.
JARRY Alfred, *Le Surmâle*, Paris, Ramsay/Pauvert, 1990.
JOUVE Pierre Jean, « Dans les années profondes », in *La Scène capitale*, Paris, Gallimard, coll. « L'imaginaire », 1982.
Œuvre, t. I et II, Paris, Mercure de France, 1987.
LACAN Jacques, *Encore, Le Séminaire*, livre XX, Paris, Le Seuil, 1984.
LACLOS Pierre Choderlos de, *Les Liaisons dangereuses*, Paris, Le Livre de Poche, 1958.
LAMARTINE Alphonse de, *Histoire des Girondins*, t. I et II, Paris, Plon, 1984.
LAMPEDUSA Giuseppe Tomasi di, *Le Guépard*, Paris, Le Seuil, coll. « Points », 2003.

LANZMANN Claude, *Shoah*, Paris, Fayard, 1985.

LAURE, *Écrits*, Paris, Pauvert, 1985.

MARAND-FOUQUET Catherine, *La Femme au temps de la Révolution*, Paris, Stock, 1989.

MARAT Jean-Paul, *Les Chaînes de l'esclavage*, Paris, 10/18, 1972.

MICHELET Jules, *Histoire de la Révolution française*, t. I et II, Paris, Robert Laffont, coll. « Bouquins », 1979.

La Sorcière, Paris, Julliard, coll. « Littérature », 1964.

Les Mille et Une Nuits, t. I et II, Paris, Robert Laffont, coll. « Bouquins », 1985.

MIRABEAU Honoré Gabriel Riqueti de, *Le Rideau levé ou l'Éducation de Laure*, Paris, Actes Sud, coll. « Babel », 1994.

NABOKOV Vladimir, *Lolita*, Paris, Gallimard, coll. « Folio », 1984.

NORDMANN Gérard, *Éros invaincu*, Genève, Cercle d'art, 2004.

PASOLINI Pier Paolo, *Lettres luthériennes*, Paris, Le Seuil, coll. « Points », 2002.

PERRIER François, « Séminaire sur l'amour », in *La Chaussée d'Antin*, Paris, Albin Michel, 1994.

RÛZBEHÂN, *Le Jasmin des Fidèles d'amour*, Paris, Verdier, 1991.

SADE Donatien Alphonse François de, *Histoire de Juliette, sa sœur ou les prospérités du vice*, t. VIII et IX, Paris, Cercle du livre précieux, 1966.

Eugénie de Franval, in *Les Crimes de l'amour*, t. X, Paris, Cercle du livre précieux, 1966.

SEGALEN Victor, *Thibet*, Paris, Gallimard, coll. « Poésie », 1985.

SHAKESPEARE William, *Macbeth*, in *Œuvres complètes*, t. IX, Paris, Le Club français du livre, 1983.

SOHRAVARDÎ Shihâboddîn Yahyä, *Le Vade-mecum des Fidèles d'amour*, in *L'Archange empourpré*, Paris, Fayard, 1986.

SOLLERS Philippe, *Éloge de l'infini*, Paris, Gallimard, coll. « Folio », 2002.

TAULER Jean, *Aux « amis de Dieu »*, Paris, Cerf, coll. « Foi vivante », 2001.

VILLIERS DE L'ISLE-ADAM Auguste de, *L'Ève future*, Paris, José Corti, 1987.

WEISS Peter, *Marat-Sade*, Paris, L'Arche, 2000.

WILDE Oscar, *Le Portrait de Dorian Gray*, Paris, Le Livre de Poche, 2001.

ZWEIG Stefan, *Marie-Antoinette*, Paris, Robert Laffont, 1982.

Table

Du même auteur

Les Infidèles, S'aimer soi-même comme un étranger, Grasset, 2003.

Vestiges du Dieu, Athéisme et religiosité, Grasset, 1998.

Le Miroir du prophète, Psychanalyse et islam, Grasset, 1993.

Algarades, éd. de l'Équinoxe, 1984.

CHEZ LE MÊME ÉDITEUR

Claude Allard
L'Enfant au siècle des images

Gérard Bonnet
Défi à la pudeur. Quand la pornographie devient l'initiation sexuelle des jeunes

Patrick Delaroche
La Peur de guérir

Fernando Geberovich
No satisfaction. Psychanalyse du toxicomane

Roland Gori et Pierre Le Coz
L'Empire des coachs. Une nouvelle forme de contrôle social

Jean-Marie Jadin
Côté divan, côté fauteuil. Le psychanalyste à l'œuvre

Pr Daniel Marcelli
La Surprise, chatouille de l'âme

L'Enfant, chef de la famille

Les Yeux dans les yeux, l'énigme du regard

Ouvrage collectif dir. par Patrice Huerre
et François Marty
Cannabis et adolescence. Les liaisons dangereuses

Serge Tisseron
Comment Hitchcock m'a guéri :
que cherchons-nous dans les images ?

Vérité et mensonges de nos émotions

Dr Alain Gérard
Du bon usage des psychotropes :
le médecin, le patient et les médicaments

Composition IGS-CP
Impression Bussière, décembre 2006
Éditions Albin Michel
22, rue Huyghens, 75014 Paris
www.albin-michel.fr

ISBN : 978-2-226-17597-7
N° d'édition : 24794 – N° d'impression : 064212/4
Dépôt légal : janvier 2007
Imprimé en France.